挚爱与奉献

——我所参与的中国文物对外交流

王立梅 著

文物出版社

封面设计　肖　晓
责任印制　陆　联
责任编辑　张　芳　王　扬

图书在版编目（CIP）数据

挚爱与奉献—我所参与的中国文物对外交流／王立梅
著.—北京：文物出版社，2008.1
ISBN 978-7-5010-2123-9

Ⅰ.挚…　Ⅱ.王…　Ⅲ.王立梅—回忆录　Ⅳ.K825.81

中国版本图书馆 CIP 数据核字（2007）第 022396 号

挚 爱 与 奉 献

——我所参与的中国文物对外交流

王立梅　著

*

文 物 出 版 社 出 版 发 行

（北京市东直门内北小街 2 号楼）

http://www.wenwu.com

E-mail:web@wenwu.com

北京文博利奥印刷有限公司制版
北京盛天行健印刷有限公司印刷
新 华 书 店 经 销
700 × 1000　1/16　印张：14
2008 年 1 月第 1 版　2008 年 1 月第 1 次印刷
ISBN 978-7-5010-2123-9　定价：96.00 元

序

　　2007年6月，美国总统艺术人文委员会代表团访问中国时，文化部孙家正部长曾在故宫复建的建福宫花园宴请代表团，当时我叨陪末座。坐在我旁边的一位代表团女士，指着邻桌一位同行的女士，很认真地对我说："这个人和王立梅很熟悉！"她为什么要告诉我这个，我并不清楚；我想，大概她认为我是应该知道王立梅的，因为王立梅在美国文化界有一定的影响，许多人是通过王立梅组织的展览认识了中国的历史。

　　是的，我认识王立梅，不仅认识，我们还在一起工作多年。不过在我们认识之前，她已从事中国文物对外交流整整20年了。

　　中华文明源远流长，光辉灿烂，也是世界文明史上唯一不曾中断过的文明。见证中华文明历程的、体现中华民族智慧和创造的载体，主要是丰富而珍贵的历史文物。这些文物记录了中华民族的辉煌历史，是中华传统文化的结晶。长期以来在世界文明舞台上走在前列的中国，在近代落伍了。由于国力的衰弱，列强的欺凌，一个曾经对世界文明作出过巨大贡献的中华民族，处在被奴役、受屈辱的地位。新中国成立了，中国人民站起来了，在世界东方，一个古老的民族正在生气勃勃地进行着新的创造与建设。如何让世界上更多的人懂得中国的历史，了解中华文明，认识中国传统文化对于当今世界发展的启示和意义，则是十分必要的。这就是中国对外文化交流中的一项极为重要的内容，即中国文物对外交流，把中华文明推向世界。当中国结束了"文化大革命"，实行改革开放的政策后，这一任务显得越发迫切和重要。

　　王立梅是幸运的。当她进入国家文物局时，正是举国欢庆中国共产党十一届三中全会的召开，而她从事的就是中国文物对外交流工作。她庆幸自己在故宫博物院度过了难以忘怀的时光，六年的工作实践，培养了她对中国文物的感情，增加了她的文物知识的积累，提高了她的专业素质。现在历史给她提供了一个更能展示自己才能、实现自己理想的新天地。她全副精力地投入这项工作，而且一干就是25年。这25年中，她自己感到最难忘的，就是代表中国在海外组织策划了一系列有影响的大型文物展览，如"中华五千年文明艺术展"（美国）、"黄河文明展"（意大利）、"中国考古发现展"（巴黎）、"中国丝绸之路展"（克罗地亚）、"中国百件珍贵文物展"（以色列）、"世界四大文明——中国文明展"（日本）等，这些都曾轰动一时且影响深远。展览在文物交流中占有重要地位，但文物交流绝不限于展览，人员的交流，博物馆之间的广泛合作，引进文物保护的技术与资金，王立梅也不断拓展交流的空间，在许多方面作出了突出的贡献。

在从事中国文物对外交流的岁月里，有一股强烈的力量始终在支撑着王立梅不断向前，努力工作，这个力量来自一种深沉的感情，它就是爱，是对中华文明的爱。这不是一般的爱，而是热爱、深爱，是挚爱，是刻骨铭心的爱。正是有了这种爱作支撑，她觉得自己是个堂堂正正的中国人，在与国外有关机构洽谈文物交流协议时，凡是牵涉到国家尊严、国家利益的，她都不卑不亢，落落大方，据理力争，寸步不让。她为人豪爽，办事干脆，富有人情味而又不失原则。也有人感到她不好说话，但与她打过交道的大多数外国人还是喜欢她，尊重她的。正因为如此，她就在国际文物博物馆界有了一大批朋友。也正是这种对祖国、对民族的挚爱感情，使王立梅在中国流失海外文物的回归上下了很多功夫，只身一人乘飞机把价值450万美元的《淳化阁帖》带回国内，更是带有传奇色彩。

文物交流是搭桥的工作。中国的精美文物被选送到世界各地，人们通过这些文物，认识了一个古老而伟大的民族对世界文明所作出的非凡贡献，看到这个有着深厚历史文化积淀的文明古国正在把传统与现代结合起来，充满自信地走着自己的路。文物是无言的而又最有说服力。通过文物，不同的民族、不同的文化之间有了更多的了解。当王立梅与她的同事看到工作的成效时，她（他）们是多么激动！这也激励着她（他）们更加努力，更多地奉献。

对于以事业为第一位的王立梅来说，人生就是挑战，就是奋斗。从国家文物局的工作岗位上退了下来，她又立即投入了另一个新的天地。2003年后，鉴于她本人在中国文物界的突出贡献和对文物事业的挚爱，被北京歌华文化集团聘任为中国第一座世界艺术馆馆长，从事世界文明艺术引进和展览工作。应该说这是她期望已久的一件事。中国虽号称已有2300多家博物馆，但没有一座是专门展示世界艺术作品的。这是个缺憾。经常的出国考察，使王立梅视野更开阔，胸怀更博大。她热爱中华文明，但她不是狭隘的民族主义者。她知道世界文明是丰富多彩的，中华文明对世界文明作出过重大贡献，但中华文明也对世界其他各种文明有所吸收和借鉴。让国人足不出国就能看到世界文明的精粹，树立世界眼光，吸收人类文明的一切营养，这是中国文物博物馆工作者的义务和责任。

世界艺术馆遇到的困难之多，是王立梅万万没有想到的，她真正体会到了什么叫"白手起家"。这个艺术馆的体制不同于现在各级政府办的博物馆，它的人员全是聘任，经费也主要靠向社会去筹集。它本身没有藏品，如何引来国外文物展览，谁也不清楚该怎么办。但有一条好处，它的机制是灵活的，它需要的是富有开拓与创造性的经营者。对于喜欢挑战的王立梅来说，干这样的事似乎才过瘾。她精心筹划，四处化缘，竭尽心力，而个人的潜质才干也爆发性地表现出来。她周游世界，以虔诚的态度走访各大博物馆，说服了15家顶级博物馆无偿借出展品，摆上中国展现世界艺术的殿堂，于是"意大利文艺复兴"、"从莫奈到毕加索"、"伟大的世界文明"、"庞贝的末日——源自火山的故事"等展览，一个接一个，无不体现着精彩卓绝，人们震惊了，人们也相信，世界艺术馆真正诞生了！

我了解王立梅，她是个在工作上没有满足的人。一个如同概念一样的"世界艺术馆"，在她手里居然变成了活生生的现实，她还不知足，有许多宏大的设想。但她想得最多的，还是怎么能吸引更多的人特别是孩子进博物馆，看世界艺术精粹。"'从莫奈到毕加索'，同样的展览，在日本，三个月有100多万人观看，在韩国，有120万人观看，而在我们这里，三个月才有8万人。"王立梅说，"这对于我们来说已经算是成功了，可大英博物馆馆长对此感到很震惊，在他面前，我感到汗颜。"她认为，这种情形与我们国民素质有很大关系。对高雅、高端艺术的培养、熏陶是我们构建和谐社会的必需。一个追求完美人格的人，应该通过不断的吸收各种美的东西去陶冶自己的情操，使自己的人格更臻完美。她有一种强烈的责任感，一再强调，要让我们的孩子们从小就接触吸收世界多元文化，对世界历史文化的过去和现在去看，去听，去认识，去把握。文化决定我们的眼界和思想，这对于他们的成长是很重要的。这是一个老博物馆工作者的苦口婆心。

把中国文物推向国外与把世界艺术引入国内，这才是文物对外交流的全面涵义。王立梅有幸都做了而且在继续做着。把中国文物推向国外，是出于对中华民族与中国文化的挚爱，把世界艺术引入国内，同样需要一种对人类伟大艺术创造的挚爱之心，有了这种挚爱，才会勇于奉献，乐此不倦。因此，当看到王立梅同志的这部作品以《挚爱与奉献》为题时，我感到的确是道出了她的心声，也是广大文物博物馆工作者精神风貌的写照。

郑欣淼

文化部副部长、故宫博物院院长

2007年7月

挚爱与奉献

——我所参与的中国文物对外交流

目 录

挚爱与奉献

2

——我所参与的中国文物对外交流

序　言

我与中国文物的对外交流

2003年春节前，我离开了国家文物局外事办公室主任的岗位，告别了我热爱的文物事业，为我为之奋斗三十年的中国文物对外交流事业画上了圆满的句号。

三十年弹指一挥间，往事如云在我眼前飘过。让我回忆起那么多美好的事情，当然也有一些无奈。但我无憾无悔，心底只有一种自豪与满足。这三十年来我为中国的文物对外交流事业贡献出了自己的青春和美好年华。同事们戏称我为"七朝元老"，经历了中国文物对外交流事业从小到大，从稚嫩到成熟，从默默无闻到走向辉煌。今日的中国文物外交，已成为中国对外交流中最重要的项目之一。中国古代文明以其博大精深的内涵和魅力，成为在世界上影响最大、最广、最具亲和力的对外交流项目，也是任何其他交流难以替代的，如果还有来生，我愿为中国的文物对外交流再奉献三十年。

三十年来，我几乎亲身经历和参与了中国文物对外交流中的最重要活动，也结识了一批朋友，其中不乏赫赫有名的政界名流、富甲一方的亿万富翁、名冠世界的文物博物界学术泰斗、世界著名的收藏家和默默耕耘的文物爱好者。他们对中国的古代文化有着共同的爱好，正是这共同的爱好，使我和他们中的很多人成为挚友。我愿将他们对中华文明的无私奉献介绍给大家，我也愿将我所经历的许多鲜为人知的事件告诉大家，让更多的朋友了解到我国的古老文化在海外的影响、受到的尊重，和我们一起保护好我们先民创造的辉煌灿烂的中华文化遗产。

第一篇

迈进文物博物馆的殿堂

1972年我调入故宫博物院，分配到群工部导引组当讲解员。当时导引组是群工部的一个部门，办公地点就在故宫神武门里的东排房，在明清两代这里是宫中太监的饭堂。到导引组报到后，组长大人就十分严肃地与我进行了一次谈话。我才知道为配合我国外交工作的需要，为更好地完成接待各国重要的外宾访华时参观故宫的任务，故宫特别成立专门为外宾讲解的导引组。组长要求我要从政治的高度认识讲解工作的重要意义，希望我要尽快掌握讲解的内容，争取早日开始工作。

1973年，在故宫博物院工作时留影

新的工作对我极具挑战性，同时我也十分喜欢这份工作。为了尽快掌握、了解故宫的历史，白天我一趟又一趟的跟着老同志带外宾，听他们讲故宫，晚上看有关故宫的资料，很快我就通过了领导的"路考"，正式开始上岗。

我当时还很得意，认为做讲解员太容易了。但很快自己就发现，越讲越觉得自己知识浅薄，越讲越觉得故宫的文化内涵深不可测，真正感到自己在浩瀚的知识前是那么渺小，这深深地刺激了我。从那以后，我下定决心开始了刻苦的求知历程。除了看大量的历史文献和艺术史专论外，我还求教于当时故宫最著名的专家学者，如：陶瓷专家冯先铭、耿宝昌；

绘画专家徐邦达、刘九庵；青铜专家王文昶、杜乃松；玉器专家杨伯达；宫廷史专家单士元、朱家溍等，这些老专家对我的帮助和教诲使我受益匪浅。同时，我还参加了由中国人民大学清史研究所开办的清史班；北京市文物局举办的陶瓷鉴定班等。故宫内各个艺术专馆陈列的文物珍品更是我学习的活教材，看着并领悟着这些稀世珍宝，我被先民的不朽创造所折服，从心底涌现出对我们中华文明的尊敬和热爱。也就是在这求知的征途中我立下了献身中国文物事业的志向。

在故宫的六年中，每天我都要从神武门到午门，从午门到神武门一天两个来回的走着、讲着、思考着，故宫每个开放的宫殿我都进去过无数次，72万平方米的故宫我几乎都踏访遍了。每次讲解我都有意识地要把前一天学习的新知识加进去，我最喜欢外宾向我提问，提得越多越怪越好，不懂的回去后马上查书或找专家请教，这样每天都可以学到新的知识。在故宫当讲解员的六年中，我就像一块海绵一样在知识的海洋中尽情的吸纳着，不断的给自己提出新的学习目标，中国陶瓷发展史、中国绘画的各个时代的特点、青铜器在各个朝代纹饰和造型的不同变化等。那时的工作和学习真是开心极了，也感到精神上充实极了，同时也为我日后从事的文物外事工作奠定了坚实的业务基础。

由于自己讲解水平的不断提高和接待能力的日趋成熟，重要接待任务我承担的越来越多，当时我曾为很多国家的元首和政要讲解过，如：美国国务卿基辛格博士、美国国家安全顾问布热津斯基、老布什总统的夫人芭芭拉·布什、英国首相希思、法国总理巴尔、荷兰女王贝娅特丽克斯、丹麦女王玛格丽特、西班牙国王卡洛斯和王后索菲娅、菲律宾伊梅尔达马科斯总统夫人、中非皇帝博萨卡、加拿大总理贝鲁特，还有数不清的部长、内阁成员们……。而在对所有重要客人的接待和交流中，也锻炼了我的涉外工作能力，树立了自己的自信心。

在给这些元首和政要的讲解中，这些显贵们的不同性格、不同气质也折射出不同国家和不同民族的不同文化修养，每次接待讲解中的一些点滴事情，也给我留下了深刻的印象。

我记得美国国家安全顾问布热津斯基的夫人在参观太和殿宝座时，我介绍了放在宝座前的角端在传说中是可以识别伪善的瑞兽，布热津斯基夫人马上十分认真地问我："什么地方可以买到这种瑞兽，我也要在我丈夫的办公室里放一对角端，使他可以识别任何欺骗他的谎言。"这

位夫人对角端的作用看来是深信不疑，直到上车时还对我讲如果什么地方有卖的一定要告诉她。

美国国务卿基辛格先生对故宫是情有独钟。从上世纪70年代初他来中国开始，只要来北京他就会要求来故宫参观，不仅他自己来，有一次还带上他的夫人和一双儿女，那次他成了夫人和孩子的向导，不停地向他们介绍着故宫，俨然是一位故宫专家的样子。基辛格先生喜欢故宫的建筑、故宫的历代收藏，尤其特别欣赏明代画家徐渭的一幅骑驴吟诗图，在这张徐渭的写意画上画的是一位老者骑着一头驴的背面图，笔画简洁，用深浅不同的墨色勾画出活生生的一个骑着驴边走边吟诗的文人形象。基辛格先生几乎每次来故宫都希望看到这张画，而在看画时，他总是默默地注视着这张画，神情那样的投入似乎是和画中的老者在进行神交。

当二十多年后的2002年，在纽约梅隆基金会的一次活动中我再次见到基辛格博士时，我们还谈起当年他在故宫参观时的情况，基辛格博士对故宫参观的回忆还是那样美好，对中国古代文化遗产仍然是充满了热情。

伊梅尔达马科斯夫人上世纪70年代第一次来华访问，也来故宫参观

2002年，纽约梅隆基金会与基辛格博士合影

了。我印象特别深的是她那天身着菲律宾的国服，是一件华丽的孔雀绿高袖长裙，在文化大革命期间到处是蓝、黑、灰、绿的革命服装中着实的显眼，引来不少游客的围观。我那天陪同她时穿的是一身蓝色的确良服装，脚穿一双黑色的布鞋，我们服装的强烈对比更显得伊梅尔达亮丽无比。我边讲解边小心翼翼地躲着她那件曳地而行的裙子，生怕踩着。菲律宾的这位总统夫人真不愧叫"铁蝴蝶"，在两个多小时的参观中不停地说，见什么评价什么，好像她对一切都很有研究。在漱芳斋休息时，伊梅尔达马科斯仍是喋喋不休地说这说那，这和我陪同的其他元首夫人有很大的不同，她似乎给人一种十分爱表现自己，生怕别人不知道她知识渊博的感觉。

荷兰贝娅特丽克斯女王来访时还是王储，但她那高贵的气质和对艺术的鉴赏力给我留下很深的印象。女王对中国的古代建筑十分欣赏，虽然中国的建筑和西方的建筑是那样的不同，但女王却可以从中国古代建筑中领悟到高深的艺术和力学的巧妙运用。她仔细地听讲解，并认真地观察每座建筑不同的屋顶设计和艺术风格，显现出女王在文化艺术方面的高深修养。

上世纪70年代法国总理巴尔来访时，故宫特别为他从库房中取出乾隆时期专门在法国购买的几只座钟。这些钟表制作精细，造型巧妙又独特是当时法国专门为中国皇帝定做的。巴尔总理在中国的皇宫里看到几百年前自己祖国制作的钟表，感到十分意外，也十分亲切。尤其是这一座座精美的钟表还能正常运转，有的还奏出美妙的法国音乐时，巴尔总理一再说真想不到，真想不到，巴尔总理还说在法国他也从来没见过这么精致的钟表。

上世纪70年代中非的老皇帝来故宫参观时，手上紧紧拉着一位白人妙龄少女的手，礼宾司的同志告诉我，这是老皇帝新娶的妃子，这个小姑娘是罗马尼亚歌舞团的舞蹈演员，歌舞团在中非演出时，老皇帝看上了这位姑娘，于是将整个歌舞团扣下不许回国，一直等小姑娘同意嫁给他，歌舞团才得以自由。老皇帝参观故宫时对什么都不感兴趣，所以对他的参观讲解也很简单，参观是一条直线，从太和门下车后还没等介绍几句他就往前走，所以每个宫殿几乎都是匆匆而过，基本上他也不听讲解，只是紧紧地拉着他的爱妃，好像一松手这个像他孙女的小女孩就会消失了一样。说真的像中非老皇帝这样参观故宫的国家元首倒也不多见，我印象中只有这么一位。

1978年我调入国家文物局外事处，开始从事中国文物的对外交流工作。当时的老处长是郭劳为同志，郭处长早年毕业于日本早稻田大学，解放前在郭沫若领导下工作，解放后在对外文委从事对日交流工作，1973年国家文物局重新组建后，任外事处处长，郭劳为处长是一位极富对外交流经验，资深的日本问题专家。

文物局外事处承担着全国文物对外交流工作的领导和宏观调控的任务，这对于我无疑又是一次新的挑战，但有了在故宫学习和工作的经历，再加上郭劳为处长的耐心帮助和指导，我开始学习有关文物的法规政策和了解中国文物的对外交流历史和现状，逐步适应了新的工作。

1980年与郭劳为在故宫合影

1978年文化大革命结束刚两年，封闭了多年的中国开放了。当时各国文化文物界的朋友对中国的政策不了解，都希望与中国的文博界进行交流，但又心存疑虑，抱着试探的态度来与我们接触。而我们当时文物的对外交流也是起步不久，主要是宣传中国的文物政策，通过与各国的接触、沟通、了解，打消他们对中国的诸多误解和成见，争取更多的朋友，扩大中国文物的对外交流。

我记得那时我和郭处长经常是一天要见好几批外宾，每次见外宾前都认真地了解外宾的情况和准备谈话的内容，针对不同国家不同身份的客人有的放矢的去宣传我国的文物政策，使每一次会见都收到很好的效果。

郭处长对自己要求特别严格，对待工作特别认真，对外事经费管得极其严格，恨不得一分钱掰成八瓣花，从招待客人的茶叶到宴请客人的费用他都要求严格按规定办事。他坚持外事经费只能花在外事上，所以接待外宾用的茶叶饮料都不能用在接待内宾上，记得有一次办公室的秘书因为接待外地来的客人来我们外事处要茶叶，让郭处长好一阵撸，最后只是给了一小包茶叶完事。还有一次在一个饭店请外宾吃饭，报销时发现酒水费多收了20元，郭处长坚持要我去这家饭店交涉，硬是将超出的20元钱要了回来。而平常用的办公用品也是要求我们节约再节约，所有寄来的信封都不许扔掉，翻过来再用。一次我们清理库房，我一边整理一边将那些堆积如山的旧信封往外扔，郭劳为处长就在外面捡，等我收拾完了出来一看，他又将我扔掉的旧信封摞在一起搬了回来，嘴里还念念叨叨地说这都还能用，你们这些年轻人啊，就不知道爱惜东西。我只好再把这些扔出去的旧信封重新放在库房里。

郭处长从来见外宾都不要局里派车接送而是骑自行车，那真叫勤俭办外事。有一次，我们中午到王府井南口的全国对外友好协会去见日本客人，下午会见日本人后，马上又赶到故宫北门的漱芳斋见美国外宾，中间要有20分钟的路程，我们两个就像赛车一样使劲地骑，到了神武门刚从自行车上迈下来，美国客人的车已经来了，郭处长当时是大汗淋漓，但仍十分礼貌地和外宾握手致意，外宾看着我们的样子，还问郭处长是不是刚刚健身回来。

另外一次，郭处长又骑着车先到南河沿的外交学会见德国客人，让我先到故宫去等另一批法国外宾。不料法国外宾快到了，郭处长还没赶回来，我只好请当时正在主持办公会的故宫博物院常务副院长彭炎来"救场"。法国客人对能见到故宫的副院长十分高兴，大谈他是如何欣赏故宫，如何热爱中国古代艺术，双方正热火朝天地大谈故宫建筑的特色时，郭处长赶到了，原来是途中自行车车胎爆了，只好推着自行车赶过来。

郭劳为处长虽然资格很老，外事经验也很丰富，但从来没有任何架子，认认真真地向我传授他的经验，对我的任何失误和缺点都毫不客气地指出来，同时对我的任何细小的进步也不忘给予鼓励。我在郭劳为处长身上学到了很多东西，首先是他对国家的绝对忠贞，无论何时何地总是将国家和民族利益放在第一位，正因为如此，郭处长在对外谈判中从来没有那种奴颜婢膝，也不趾高气扬，而是不卑不亢，外国朋友对他都十分尊重。这些对我的影响是非常深刻的，也是我30年来，作为一名外事干部始终遵循的原则。郭劳为处长的后任是金枫处长，金枫处长是资深的文物工作者，是文物局的元老，从50年代初就在文物局工作，担任国家文物局的办公室主任达20年之久，对中国文物事业早期的发展是最有发言权的人之一。金处长为人正派、刚直不阿、学识渊博，对中国文物和博物馆的情况了如指掌。在金枫处长身上，我学到的是对文物事业的无比热爱，对文物知识孜孜不倦的追求和对工作的极端负责。就是在这两位良师益友的言传身教中，我逐步成长为一名合格的文物外事官员。

20世纪70至80年代文物对外交流回顾

　　1972年中日建交不久，日本各新闻媒体和民间友好团体都纷纷到中国来参观访问，寻求与中国开展合作与交流的机会，我们文物部门是日本各界最热衷的部门之一。郭处长几乎每天都会见日本的客人，他总是不失时机的向日本客人介绍中日两国在历史上的友好往来和近代史上日本对中国人民造成的种种伤害，强调中日友好的重要意义和来之不易。郭处长生动地讲述和真诚的态度赢得了日本客人的信赖，使他们感受深刻。很多日本著名的学者和企业家都表示要维护中日友好，要使更多的日本人了解中日友好对两国人民的重要性。日本经济新闻、读卖新闻社、朝日新闻等也是从那时起开始在他们的报刊上报导中国文物的消息，并积极开展与中国文物部门的合作，举办了多个影响甚广的中国文物展览，如"战国中山王墓展"、"秦兵马俑展"、"中国古代陶瓷展"等。我们还应日本华侨界的要求，在产权属于中国的日本长崎孔子庙内开办了长期展出中国文物的专馆，由故宫博物院和中国历史博物馆定期提供展品，使长崎孔庙二十多年来成为日本展示中国文化的一个窗口，也成为日本华侨学习了解祖国文化历史的课堂。

挚爱与奉献

——我所参与的中国文物对外交流

1975年，在故宫为日本客人讲解故宫时留影

1978年，在北京故宫与郭劳为处长会见日本外宾

1979年，在人民大会堂国家副主席王震会见日本代表团

1979年，在故宫王冶秋、郭芬为会见日本经济代表团

1980年，在故宫王冶秋会见日本井上靖先生

挚爱与奉献

——我所参与的中国文物对外交流

　　同时，日本出版界也纷纷要求与中国文物出版部门合作，在日本出版介绍中国古代文化艺术的书籍和画册。这对于文物出版部门也是第一次和国外开始合作，当时文物出版社和日本平凡社合作出版了《中国石

1984 年，在日本参加敦煌展开幕式合影

窟寺》大开本的画册。《中国石窟寺》在日本发行后，受到日本学术界的极大关注和欢迎，同时也在日本掀起了对敦煌的研究热情。日本民间友好团体纷纷组团前往敦煌参观访问，日本各大媒体也用大量版面介绍敦煌石窟的壁画和彩塑，日本创价学会专门举办了"敦煌壁画展"，并和其他友好人士对敦煌的保护提供技术和物质上的援助，这也是敦煌接受国外援助的开始。

中美建交后，隔绝30年的中美两国文化界开始了交往，对中国古代文化艺术的了解更是美国各大博物馆最迫切的要求。在这期间，我们组织接待了第一个来自美国的中国古代绘画代表团，代表团成员都是美国各大博物馆最著名的研究中国古代绘画的专家。中国之行，使这些30年来只能在大洋彼岸用黑白模糊不清的照片研究中国古代绘画的美国专家们大开眼界，观赏到中国古代名家的作品，他们兴奋不已，有的欢呼跳跃，有的喜极而泣。他们没有想到这些经典作品在中国仍然保护的这样好，更没有想到中国一大批研究古代绘画的大专家们仍然健在，并与他们就中国绘画的研究进行了切磋，使美国专家受益匪浅。通过短短几天的交流给这些美国专家不仅是视觉上的冲击，更是心灵上极为深刻的触动，中国的真实情况与他们长期以来所听到的情况大相径庭。参加美国绘画代表团的大多数成员，回美国后都成为积极推动中美两国博物馆交流的中坚力量，为美国和中国文博界今后的交流和合作做出了重要的贡献。而这次人员交流也开创了中美两国间博物馆交流的先河，为中美文博界的合作和交流开创了新的天地。

美国绘画代表团回国后不久，美国纽约大都会艺术博物馆也开始与我们进行联系，要求在纽约大都会博物馆内修建一座苏州庭园"明轩"。"明轩"是仿造著名苏州园林"网师园"中的"殿春簃"。这组建筑不论其精雕细刻的门窗槅扇，还是儒雅俊朗的建筑格局都堪称苏州园林建筑的代表作，花园内的假山竹林和亭台楼阁无处不显示出中国古代文人墨客所推崇的高雅情趣。

在苏州园林局的大力支持和具体承建下，中国苏州庭园"明轩"落户纽约，这也是真正的中国花园第一次在美国亮相。长期以来西方人只能看到小巧玲珑的日本庭园，所以也就把这种日本庭园误认为是中国庭园，而日本文化竟成了东方文化的正宗代表。而当"明轩"以其端庄典雅的大家风范展示在纽约时，美国人真正领略到了什么是真正的中国庭园，真正感悟到中国庭园所给予的那种恬静高雅的中国古代建筑和中国古代文化的巨大魅力，"明轩"成了纽约大都会艺术博物馆最受欢迎的一道风景。而赞助修建"明轩"的文森特阿斯特夫人也为此专程来中国访问，她要亲眼见识一下能建造如此雍容高雅建筑的国家的历史文化。文森特阿斯特夫人是美国最著名的女士之一，也是纽约大都会艺术博物馆的董事会成员。阿斯特夫人带着对中国的美好印象回到美国后，大都会艺术博物馆的董事会主席道格拉斯狄龙先生也携夫人来到了中国。狄龙先生曾出任过两任美国财政部长并担任过美国驻法国大使，是位重量级的人物。狄龙先生对中国古代文化艺术十分崇拜，亲眼目睹了中国各个博物馆内收藏的中国古代珍贵文物和中国最新的考古遗址后，他对中国古代文明有了更深的了解。正是由于道格拉斯狄龙先生、文森特阿斯特夫人等董事会成员的全力支持，大都会博物馆东方部才能由小到大，成为博物馆最重要的部门，纽约大都会艺术博物馆也成为全世界收藏中国文物最丰厚的西方博物馆。

后来在纽约大都会艺术博物馆董事会的支持下，由当时旅居美国的蜚声中外的中国绘画专家大都会艺术馆东方部主任、普林斯顿大学教授方闻先生负责策划，1980年我们在纽约大都会艺术博物馆举办了"伟大的中国青铜时代展"。展览集中了夏、商、周至春秋战国最珍贵的青铜

挚爱与奉献

——我所参与的中国文物对外交流

1999 年 9 月，在纽约大都会艺术博物馆"明轩"与方闻夫妇合影

器，这也是我国上世纪80年代在国外举办的最重要的展览，也是迄今为止中国在国外举办的青铜重器最集中的一个展览。展览大获成功，成为纽约大都会艺术博物馆建馆以来举办的最成功的经典展览之一。此次展览中，由中外专家撰写的展览图录，从上世纪80年代开始成为西方研究中国青铜器必备的教科书。

而"伟大的中国青铜时代展"第一任随展组组长、上海博物馆当时的陈列部主任马承源先生，也正是通过八个多月的随展工作，全面考察了纽约大都会艺术博物馆的建制和管理，为其日后担任上海博物馆馆长期间主持修建上海博物馆新馆时，在学习和借鉴西方博物馆的经验上获得了最充实和全面的第一手资料。

1999年我们中国文物代表团参加完华盛顿国立美术馆"中国考古黄金时代展"的盛大开幕式，纽约大都会艺术博物馆馆长蒙特伯乐先生在中国馆"明轩"为我们举行的午宴上，我们又一次见到道格拉斯狄龙先生和文森特阿斯特夫人，岁月如梭已经过了20年，两位都已是九十多岁的老人了。狄龙先生和阿斯特夫人精神依然是那样好，当我问候狄龙先生时，他老人家还能记起20年前他和夫人在我们的陪同下一起参观中国博物馆的情景。而阿斯特夫人更是谈兴不减当年，也就是这次老夫人对我们讲起她七岁时曾随时任外交官的父亲在北京生活过四年的经历。当时她和家人住在东交民巷的美国领事馆内，她告诉我们她当时最喜欢的是登上城墙四处观望北京城，而最让人惊讶的是她曾亲眼目睹了慈禧太后的出殡。我想全世界仍健在的曾见过西太后丧礼的可能也就她一个人了。也可以说文森特阿斯特夫人对中国古代文化艺术不懈的支持源自她幼年时的中国情结。

　　纽约大都会艺术博物馆举办的"伟大的中国青铜时代展"件件精美绝伦的青铜器使美国各界人士为之倾倒，他们对中国古代文化的灿烂辉煌和神秘充满了好奇。在这种情况下，美国最大的娱乐公司——迪斯尼公司向我们提出了举办中国文物展的要求。当时在佛罗里达州奥兰多的迪斯尼乐园刚刚建成，奥兰多迪斯尼乐园有别于洛杉矶迪斯尼乐园的新亮点是以"世界之窗"为名的一个新的游览点。"世界之窗"建筑规模宏大，在这里集中了世界各个国家具有代表性的经典建筑，法国的埃菲尔铁塔、英国的大笨钟、日本的姬路城、中国的天坛等都在这里重现。世界各国都将这里当作展示本国文化历史和风土人情的一个窗口，而且在不同的国家展馆内还有代表本民族特色的纪念品和特色食品。"世界之窗"的建成使迪斯尼乐园更具国际性，使观众可以在短短的时间内周

挚爱与奉献

——我所参与的中国文物对外交流

1999 年 9 月，在纽约大都会艺术博物馆"明轩"内与美国两任财政部部长狄龙夫妇合影

1999 年 9 月，在纽约大都会艺术博物馆与董事会主席狄龙和阿斯特夫人合影

1999 年 9 月，在纽约大都会艺术博物馆与馆长蒙特伯乐及阿斯特夫人、狄龙先生合影

游列国，在娱乐中享受到不同国家和民族的文化历史，购买到来自异域的纪念品，品尝到世界各地的美味佳肴。正因为如此，"世界之窗"的建成使迪斯尼乐园更充满了活力，1982年奥兰多迪斯尼乐园全年的观众参观人数突破了3000万。

中国的文物展就将安排在"世界之窗"的中国馆展出，中国馆的标志建筑是北京天坛祈年殿，只可惜美国建筑设计师忽视了中国古建高台阶的重要特点，缺乏高台阶的祈年殿，使本来象征皇权雄伟壮观的祈年殿，大为减色，

1982年，在美国佛罗里达州与郭劳为处长、马济川副局长在迪斯尼乐园

让人感到只有祈年殿的外型而无祈年殿的神韵。

为了能在美国有一个展示中国文化的窗口，我们同意了美国迪斯尼公司的要求，决定从1983年开始在奥兰多迪斯尼乐园展示中国文物。第一个展览是陕西出土的两个陕西秦始皇兵马俑和长城砖，这两个兵马俑和长城砖当时正在1983年世界博览会美国田纳西展中国贸促会的中国馆展出，计划在田纳西州展出结束后赴奥兰多展出。记得当时主管展览的美方代表罗曼斯第一次来中国与我们谈判时，对我们推荐的中国文物能否在迪斯尼获得成功还心存疑虑。我当时就十分肯定地告诉他中国的兵马俑和长城砖一定能在"世界之窗"独占鳌头，大获成功。展览开幕后，中国的秦兵马俑和长城砖的确不负重望，中国馆最受观众的喜爱。为了能亲眼目睹来自中国两千年前的兵马俑和举世闻名的长城砖，观众

挚爱与奉献

——我所参与的中国文物对外交流

几乎要排队等几个钟头，但每个参观者仍不愿放弃这千载难逢的机会，一时间蜿蜒不绝的观众长队成为中国馆前的一大特色。

我们利用这个"窗口"，为20年来促进美国人民对中国的了解，促进中美两国人民之间的友谊做了大量极为有益的工作。从1983年开始我们在美国的迪斯尼"世界之窗"中国馆连续举办了"中国秦始皇兵马俑展"、"清代宫廷艺术展"、"中国古代钟表展"、"龙的艺术展"、"中国民族服饰展"。我们对每个展览都倾注了大量的心血，我们针对迪斯尼乐园观众流量大，观众来自各个不同层次，同时对中国文化了解又不多，但对中国文化十分好奇的特点，陕西省文物局、故宫博物院、云南省博物馆等参展部门精心策划和挑选展品，使展览尽量做到雅俗共赏，使展览能满足各个层面观众的要求。中国文物展成为中国馆最受欢迎的项目，而且成为佛州迪斯尼"世界之窗"的金招牌。据迪斯尼公司负责展览的罗曼斯先生介绍，中国馆20年来一直是"世界之窗"最受欢迎的展馆，据统计20年来参观中国馆的观众已逾五亿人次。而这位主管展览的罗曼斯先生也因举办中国展的业绩骄人，多次获得迪斯尼总公司的褒奖。

中美建交也使那些久居美国的炎黄子孙有机会回到久别的祖国，这些海外游子们希望通过自己的努力为中国走向世界搭建友谊的桥梁。美籍华人翁万戈先生就是其中的一位，翁先生的高祖可是大名鼎

2003 年 11 月，在上海与翁万戈先生合影

鼎的国学大师，清朝两代皇帝同治和光绪的师父翁同龢。翁万戈先生虽然是学理工的，但其家学渊源，虽身居海外对中华文化却有极深厚的底蕴，对其高祖大量藏书和文稿的潜心研究更是使翁先生的国学造诣不同凡响。鲜为人知的是翁万戈先生还是中国赴美国学习电影制作的第一人，早在1941年翁先生就通过电影的拍摄，制作了介绍中国古代书画艺术的教育短片，这些短片受到美国大学和博物馆的欢迎，纷纷将这些短片作为介绍中国美术的补充教材。可以说翁万戈先生也是中国古代艺术最早利用电影进行传播的第一人。1976年翁先生第一次回到阔别多年的北京，北京是翁万戈在祖国生活时间最长、对他影响最深的城市。翁先生虽未生于斯却长于斯，老北京的一切都深深地印在他的脑海深处。儿时随父母流连忘返于北京的名胜古迹、茶肆戏院，北京的晨钟暮鼓、名伶名角、悠长的西皮二黄、胡同里小贩极具韵味的叫卖声，都使多年来长居国外的翁先生魂牵梦绕。多年来西方的教育和文化没能改变他对祖国的怀念和那一口的京腔京调。如何将最有代表性的中华文化介绍给大洋彼岸的人民，是翁先生回到祖国后最想做的事情。后来，翁万戈先生选择了介绍故宫这座集中国古代建筑之大成的明清两代皇宫及其珍贵的皇家收藏。翁万戈先生与故宫博物院合作于1980年，在美国出版了介绍故宫的第一本英文版画册。画册在美国出版后，在美国引起了极大的反响。中国古代皇宫雄伟恢弘的气魄、中国古代建筑高深典雅的建筑风格和中国精美的艺术品，都使美国人民耳目一新。翁先生为感谢故宫在这次合作中给予的帮助和默契，将用来拍摄画册的全套专业摄影器材留给了故宫，使故宫80年代初就成为全国唯一拥有文物拍摄专业摄影器材的博物馆。而这次合作也使故宫开始重视自我的宣传和文物资料的档案收集，专门拨款购买设备建立起了可以和国际接轨的摄影摄像部门，为故宫日后成为全国博物馆在文物摄影和信息采集方面最先进的博物馆奠定了基础。

　　另一位久居美国的杨令弗女士则在临终前写下遗嘱，将自己收藏多年的百余幅字画和玉器全部捐给祖国的博物馆，这是美国有史以来美籍华人第一次将这样大批量的文物捐赠回国。这件事情引起了美国税务部门的关注和干预，在我驻美国使馆和杨令弗女士在国内亲属的共同努力和交涉下，美国税务部门同意将杨令弗女士的全部文物免税运离美国。美国有关方面也要求中国有关方面承诺：如在1982年在中国久居的美国

挚爱与奉献

——我所参与的中国文物对外交流

人士有遗产运回美国，中国方面也将同意予以免税，经研究并上报外交部，我们也同意了对美方的这个承诺。1982年杨令茀女士的胞侄杨通谊先生和侄媳荣漱仁夫妇，不顾年迈体弱和长途跋涉，亲赴美国将杨令茀女士捐赠的全部文物带回祖国，并根据杨令茀女士的遗嘱分别捐给了故宫博物院和无锡的文物部门，了却了杨令茀女士多年来对生养自己的祖国的一片拳拳赤子之情。

上世纪70年代末80年代初，对欧洲的交往分为两部分，一部分是执行政府间的文化交流协议，这部分以社会主义国家为主。我们接待的政府文博代表团主要有罗马尼亚、南斯拉夫、苏联、波兰、捷克斯洛伐克、朝鲜、越南等国。由于60年代初的分歧而造成的长期隔绝，再加上对中国的负面宣传，所以这些代表团对中国的情况可以说是一点都不了解，有的代表团来中国前甚至还做好了物质准备。记得80年代初接待波兰文物保护代表团时，代表团的两位专家的行李特别重，后来才知道他们竟然错误地认为中国人生活在水深火热之中，吃不饱、穿不暖。他们是做好了充分的准备，有备而来，行李中装满了面包、香肠、黄油和白糖，甚至还有酸黄瓜

1974年，在故宫接待罗马尼亚代表团

1976 年，在故宫接待朝鲜代表团

等食品。到了北京才发现中国完全不是他们想象的那样，中国人民生活得很好，物质供应丰富，市场繁荣，在他们下榻的北京西苑饭店的现代化设施和提供的丰盛食品使他们甚是惊讶。这两位专家毫不掩饰他们对中国食品的爱好，在我最后和饭店结账时竟发现，他们居然一天吃五顿饭！而从波兰带来的食品没有吃的机会，全都处理掉了。

中国博物馆和文物保护方面的成就也同样使波兰专家们感到吃惊，他们来之前认为中国在文物保护方面一定也十分落后，自认为波兰在文物保护方面远远领先于中国。而在北京、西安、上海文博部门参观后，他们刚来时那种傲慢已不复存在，中国同行利用传统和现代相结合的文物修复保护技术给他们留下了深刻的印象。

我们接待苏联博物馆代表团，也是中苏关系恶化后三十多年来苏联的第一个到中国访问的博物馆代表团。时间产生距离，苏联代表团是带着对中国极大的问号来的。四位代表团成员来自苏联著名博物馆，包括莫斯科克里姆林宫博物馆、莫斯科东亚艺术博物馆、苏联卫国战争纪念馆的女馆长们。刚来时她们十分拘谨，不爱说话。但几天后，中国的变化和繁荣使她们感到吃惊和兴奋，再加上我们对她们真挚热情的接待，使她们的戒备心理完全消除了。女馆长们也和所有女人一样追求美丽的服饰和化妆品，她们对逛市场、商店兴趣最大，几乎每天正式参观结束后，她们都要求去买东西。中国物美价廉、式样新颖的服装和日用品最吸引她们，在中国购物给她们带来极大的快乐。中国博物馆和文物保护工作所取得的成就也使苏联代表团惊讶不已。

在中国两周的参观访问，使她们受到了强烈的震撼。代表团团长克里姆林宫博物馆馆长是位优雅的女士，她的父亲是苏联卫国战争时期著名的苏军将领，所以她对中国有着一种特殊的情感。临走时她对我说："这次到中国所看到的是我来前完全没想到的，中国人民生活十分富裕，完全和我们长期以来所听到的介绍完全不一样，中国的繁荣也是我们想象不到的，中国的改革开放是正确的。回去后，我会把我看到的一切告诉我的亲朋好友，我们苏联也应该向中国学习，只有进行改革我们的国家才能有出路。"

另一部分对象是以民间为主，主要是与西方国家文博界的交流。这部分交流基本上是在各国政府的支持下，通过大学和博物馆进行的。在这期间我们和英、法、瑞士、西德的大学和博物馆的考古部门、文物保护单位进行了交流，这些交流也的确使我们开阔了眼界，尤其是文物保护工作如何和高等院校科研相结合，利用先进的科学仪器，为文物保护和修复工作提供科学的依据，给我们留下了较深的印象。同时应法国、西德、比利时、意大利、瑞士、瑞典、奥地利、英国等国政府的邀请，在这些国家举办了"中国西藏文物展"、"中国珍宝展"、"中华文明七千年"、"秦始皇兵马俑展"等展览。展览取得了巨大成功，也使西方观众第一次领略了中国古代文明的魅力。

我们通过对欧美及日本等国的交流也清楚地认识到，由于长期以来中国与外界的隔绝，造成很多国家对中国完全不了解，对中国的文化历史和现代的发展更是一无所知。所以才出现我们代表团到欧洲访问时，有人提出中国的妇女是不是还缠小脚等可笑问题。而也有的来访者完全不了解中国的真实情况，却受到了文化大革命极左思潮的影响。记得1978年我们接待的一位法国研究鲁迅叫露阿的女士就很有意思，她对鲁迅先生的研究不怎么样，居然很欣赏文化大革命，所以我们经常就这个问题进行争论。这位看问题很偏激的法国女士，对文化大革命后的拨乱反正反而看不惯，她认为中国知识分子就应该上山下乡，接受工农兵的再教育，她知道的词还挺多，天天发表奇谈怪论。我实在忍不住了就问她："既然你认为中国知识分子应该接受工农兵的再教育，为什么你要呆在巴黎不到农村去？到中国来你也没提出去农村看看，总是住着高级宾馆车接车送。你认为文化大革命好，你为什么不在法国也倡导开展文化大革命；你知道不知道文化大革命给中国带来多大的灾难！你可以问任何一个中国人，他们都不会同意你的观点。"我说完后，这位女士无言以对，后来就不当着我的面再谈文化大革命了。当然持这种观点的外国人是极少数的，但在当时受极左思潮的影响下，这些人可都是当时驻外使馆作为依靠的对象，这位女士也是使馆推荐过来的。

交流也使我们认识到中国的考古工作、文物保护工作在世界上并不落后，在文物保护方面我们没有解决的问题，西方也同样没有有效的办法。中国长期以来用传统的办法对文物进行保护的方法和技术，在文保工作中仍起到重要的实效作用。只是在文物保护的检测手段和设备上和西方国家有较大的距离。中国历史悠久的地上地下丰富的遗存，使世界震惊的重大考古发现连续不断，确是世界上任何国家都难以相比的，中国考古事业在世界处于领先地位已是不争的事实。中国博物馆在现代化管理、陈列手段、场馆建设及如何为观众服务方面，我们看到了与西方博物馆的差距和不足。知己知彼，百战不殆。清楚了自己在世界文物博物馆事业中的地位，我们也就明确了中国文物对外交流的方向和主要任务，那就是弘扬和保护。通过在世界各国举办中国文物展，向全世界宣传中国灿烂的五千年文明，促进各国人民与中国人民的了解和友谊，这就是弘扬；加强与世界先进国家文博界的交流学习和引进文物保护先进的技术和设施，提高中国的文物保护水平，借鉴西方国家博物馆管理经验，提高中国博物馆的陈列保管水平，使中国的博物馆更好的为观众服务，这就是保护。

这也是30年来中国文物对外交流事业始终遵循的原则，在弘扬中华文明，保护祖国文化遗产的伟大使命下，我们没有辜负民族的重托，经过坚持不懈的努力，使中国文物的对外交流真正成为中国对外文化交流中影响最大的重要活动。

第二篇

中国文物的对外展览

　　中国的文物对外展览是周恩来总理1971年为打开西方国家的大门，宣传中国的外交政策亲自倡导的，成为当时我国政府在外交上打出的一张"文物牌"。从1971年开始在美国、法国、英国连续举办了"中国出土文物展览"。

　　展览受到美、英、法各国人民的热烈欢迎，盛况空前，各国朝野人士争先恐后地去参观来自大洋彼岸、他们极为陌生的中国文物展览，中国精美绝伦的古代艺术震撼了西方的人民和政府，展览取得了巨大的成功。

　　中国的文物展览冲破了西方各国对中国的层层封锁，展的成功使西方政治家们到处宣扬中国政府毁灭中国文化艺术的谎言不攻自破，一个能创造如此灿烂文化艺术的民族，一定是热爱和平的民族。各国人民在参观了中国的文物展后，都对反面宣传中国的舆论产生了怀疑。

　　中国的对外文物展览从1971年至今已走过30多年，30年来中国的文物展走遍了五大洲，观众达近十亿人次，世界人民对中国有了了解，增进了各国人民对中国人民的友谊，加强了中国与世界各国的文化交流。随着中国的对外开放，中国文物展在国外获得了生命力，如虎添翼长盛不衰，而且越来越受到世界各国人民的欢迎，并且成为中国对外交流最成功和最重要的项目。中国对外文物展览在西方国家的成功举办，也为日后中美、中日建交制造了广泛的舆论，为中国外交的腾飞立下了汗马功劳。

　　我有幸从1978年开始，亲自参与了很多重要出国出境文物展览的组织协调工作。如1980年赴美国"伟大的中国青铜时代展"、1981年赴欧洲四国"中国珍宝展"、1983年赴法国"战国中山王墓展"、1983年赴法国

2002年5月，在罗马与意大利遗产部考古局局长签订协议书

"敦煌壁画展"、1987年赴法国"西藏珍宝展"、1985～1987年赴欧洲"秦兵马俑展"、1991年赴意大利"黄河文明展"、1992年赴丹麦"河南文物精华展"、1993年赴意大利"西藏珍宝展"、1994～1996年赴欧洲四国"人与神展"、1997年赴香港"国宝文物展"、1998年赴美国"中华五千年文明艺术展"、1999年赴美国"中国考古黄金时代展"、2000年赴日本"世界四大文明——中国文明展"、"中国国宝展"、赴法国"中国考古发现展"、2001年赴美国"四川三星堆文物展"、2001～2002年赴欧洲三国"中国青州佛教艺术展"、2003年赴巴西"陕西文物精品展"、2004年赴美国的"走向盛唐展"等重要展览的策划、组织和协调工作。举办二十余年的文物对外展览，给我带来的是无比欢愉和成就感，这点别人是很难体会到的，只有亲身参与进去你才能有此感受，有此体会。搞展览就好像在导演一场戏，首先要明确了解展览的主题，要了解"演员"，知道应该用哪些"演员"来说明主题，应该分几个层面或是单元来突出中心思想，要清楚给观众看到的是什么，是不是达到了预先设想的目的，而不是像商店卖东西杂乱地摆出来就完了。展览也可以像一首交响乐，有序曲有乐章，有高潮也有结尾，更要有让人回味无穷的韵味。举办中国的文物展中，最重要的原则一定要以我为主，而不能成为供销商，外国人要什么就提供什么。毕竟中国文物是我们的国粹，我们

自己最有发言权。所有这些感受也是经过了这么多年的磨练得到的。搞文物外展对我无疑是最大的锻炼，也是自己对祖国古代文明艺术再学习的过程。通过举办展览，我对祖国的古代文明艺术有了更深层次的认识，更进一步树立起了民族自信感和民族的自尊心，使我在对外的谈判中始终能立于主动地位，在对外的展览中能做到"以我为主，为我所用"，真正达到了弘扬中华文明的目的。

回忆二十多年来我参加的展览工作，是在前辈们和各位同仁的帮助下一步步走过来的，有很多值得回忆的东西，文物对外展览也使我感到作为一个炎黄子孙的自豪。当然在展览的组织策划和谈判中，自己颇感得意的"战绩"也不少。

在比利时的随展工作

1980年应瑞士、德国、丹麦、比利时四国政府的邀请，中国将在以上四国举办大型中国文物展。为此国家文物局代表中国政府和瑞士、德国、丹麦、比利时四国驻华使馆正式签订展览协议，约定在1981～1982年在以上四国五个展地（苏黎士、哥本哈根、柏林、科隆和布鲁塞尔）举办"中国珍宝展"。这个展览全部展品都是近年来在陕西、河南、河北等地的出土文物，可以说件件都是稀世珍宝，反映了中华古代文明的灿烂辉煌。

为了更直接地了解展览的情况和随展组的工作，郭处长让我参加第四随展组的工作。1981年12月底，我和陕西周原考古队队长陈全方、安徽省博物馆保管部主任胡悦谦及国家旅游局的法文翻译肖松一行四人抵达德国科隆。当时展览即将在科隆东亚艺术馆结束，我们的任务就是接替在科隆工作的第三随展组，待展览在德国结束后，随展览转赴布鲁塞尔，完成在比利时的展览后，再随展品回国。

1982年元月，在波恩与陈全方合影

1982年元月，在科隆与历史博物馆孔祥星、陕西省博物馆陈全方合影

1982年元月，在科隆与参观中国文化展的观众合影

这是我第一次出国，也是第一次领略中国文物展在国外的魅力。我们到科隆正是最寒冷的元月份，但是博物馆外每天观众都排着长龙等着看中国文物。由于人太多了，馆方只得采取限时限量的进人，每20分钟进入一批观众。就是这样，观众照样在凛冽的寒风中排上一两个小时毫无怨言。有的观众参观过好几次了，兴致勃勃再来排队。在展场中观众对来自中国的珍贵文物的那种发自内心的赞美溢于言表，他们或默默地在展柜前驻足欣赏，或互相轻声地交换着心得，那场面真让人感动，也让我们这些炎黄子孙感到由衷的自豪。

展览两周后在科隆结束了，中德双方进行了展品的安全点交和包装工作，确认一切都没问题了，我们按协议要求开始转赴布鲁塞尔。早上八点，全部文物装上一辆密封的集装箱，前面是一辆荷枪实弹的警车开道，随后是文物车，我们四人坐一辆小车在文物车后面，再后面又是一辆警车垫后。在德、比交界的地方，德国警方与比利时警方进行了交接，进入比利时后换成两辆比利时的警车一前一后"押运"着文物和我们。那天漫天大雪一直下个不停，据说是欧洲三十多年来最大的一场雪，到处都是白茫茫的一片，所以车走的很慢，本来应该几个小时的路程，我们走了快一天还在路上慢慢爬。几位先生倒没问题，随时可以解决问题，而我可惨了，沿路连个遮挡的地方都没有，只好忍着，小肚子

1982 年 4 月，在布鲁塞尔与比利时文化部联络司两位司长合影

涨得像小鼓似的。

抵达布鲁塞尔已经快晚上九点了。布鲁塞尔国立美术馆的工作人员很快就将文物接入文物库房。而我们四个大活人却没人管没人问。经过交涉，到十点多钟，总算有一位瘦高瘦高的文化部的先生来管我们了。他把我们带到一座公寓，我不错一个人住一大套，内有卧室、客厅、厨房。三位男士可惨了，三个人也住一套，有两位只好睡在一张双人床上，另一位只好睡沙发。

第二天，我们先到博物馆看看文物的存放地点，文物很安全没有问题。我们再到展厅检查他们的准备工作，结果发现展厅内空空如也，刚结束一个日本展览，中国展的准备工作还没开始。反正准备工作没完成前，我们不会同意开箱点交文物。

了解了展厅的情况后，我们就去文化部对外联络司，我要和他们理论一下三位男士的住房问题，同时领取我们的生活费。根据协议规定，展出国除承担中国随展人员的住房、交通、医疗、必要的邮电费外，支付随展组每人每个月在驻在国的膳食费1000美元。以上条件在其他三个国家四个展地都执行得很好，没出现任何麻烦。

到比利时文化部，先接待我们的是一位处长，这位处长什么都没说，只是拿给我们一张单子让我们签字，一看是每人600美元的收据。当时我就问他，这是不是20天的费用，他说不是，这就是一个月的费用。我说那我们不能签，这是不符合协议的。那位处长说他做不了主，我说那就请能做主的人来和我们谈。

过了一会儿，来了一位怒气冲冲的叫马尔盖蒂的法语区对外联络司司长，这位先生一坐下来就不客气地说："为什么你们不签字，我们只能给你们这么多生活费，我们接待所有国家的代表团都是这个标准。"我告诉他："我们不是平常的来访团，我们是为比利时带来珍贵展览的中国文物展览团，这个费用和协议规定的不一致，所以我们不能接受。"马尔盖蒂马上说："我不管什么协议不协议，反正我只能一个月给你们600美金。"

"中国珍宝展"展览从谈判到签订协议我都参加了，对所有情况了如指掌，既然这人这么不讲理，我也就不能再客气了。我故意问他："你们比利时驻中国的大使代表不代表比利时政府？"马尔盖蒂说："那当然代表。"我说："那你们大使代表政府签字的协议为什么你不执行？"这可把他惹急了，他竟然拍桌子说："我接待过一百多个国家的代表团，从来没见过这么难缠的中国人！"我也急了，连拍四下桌子，指着他的鼻子说："告诉你，我和一百多个国家的代表谈判过，从来没见过这么没教养的司长，居然对妇女拍桌子！我知道你从骨子里看不起中国人，告诉你现在是中华人民共和国，不是半殖民地半封建的清政府，你别用殖民主义的眼光看中国！来比利时展览是你们政府请我们来的，我们给你们带来这么珍贵的文物，你居然这么不友好！我还通知你，你不按展览协议办事，文物就不开箱。"马尔盖蒂看我不吃他那套，愣了一下，又说他要复印协议书，我马上拿起协议书站起来，他说："你干嘛？"我说："和你一起去复印。"他说："为什么？"我说："不放心，怕你篡改协议书。"气的这位司长直哆嗦。复印完协议书，马尔盖蒂又换了说法了，他说："你们一个月用不了1000美金，要不然吃饭实报实销吧。"我马上说："好吧，我们上午就谈到这，我们就实报实销，吃完饭，下午再接着谈。"

我们四个人挑了一个不错的饭店，先点一个开胃菜，再来一个热汤，接下来是主菜和甜点，我们还特别要了一瓶红葡萄酒，总之是大吃了一顿，花了五千多比利时法郎。回到文化部，把发票交给马尔盖蒂，他立刻叫起来，说："你们怎么吃这么多？"我说："对不起，这是你叫我们实报实销的，要不然每天你跟着我们给我们点菜，免得我们花多了。"马尔盖蒂被我说的一句话都说不出来，只好说那就给你们700美金吧，我说不行，必须按协议办。同时，我也提到三位男士的住房问题，马尔盖蒂依然是强词夺理，意思是中国人能住这样的公寓已经比在中国强多了。我马上驳斥他，我问他比利时有没有两个男专家睡一张床的，他说没有，我说那为什么你把中国的专家两个人安排睡一张床，你以为中国人都是同性恋啊，而且协议规定是安排住中上等的旅馆，两个人睡一张床，能算中上等旅馆吗？马尔盖蒂只好同意考虑换旅馆，第一天的谈判就这样结束了。

回到旅馆，我马上打电话向郭劳为处长汇报了今天的谈判情况，我们的态度得到郭处长的肯定，并要我在谈判中一定要有理、有利、有节地与比方谈，对协议规定的我方权力一定要据理力争。与比方的谈判情况，我们也及时向驻比利时使馆进行了汇报，可没想到使馆的先生们却是另一种说法，当时的大使对我们说600美元已经不算少了，你们住的公寓也很不错，不要再向比方提要求了。农业部某某部长来时住的还是兵营，坐的车只有两个门爬进爬出的，还不如你们呢等等。我对大使说这不是为了我们个人，这是维护国家的尊严，是执行中比两国政府签订的协议。后来回国后才知道，使馆因为我不听他们的劝告，文化处竟然还给局里发来三份密电，状告我与比利时人大吵大闹。真不能理解使馆为什么站在外国人的立场，不为自己的同胞撑腰，反而长他人志气；为什么我们总看不起自己人，总觉得我们比外国人卑贱，总怕得罪外国人，简直是洋奴，是崇洋媚外。

第二天，我们继续和马尔盖蒂就协议的执行据理力争，经过昨天的较量他也知道这四个中国人不好欺负，而且确实有展览协议的规定，态度转变了很多，再不敢拍桌子瞪眼了。马尔盖蒂同意给我们换到一家四星饭店。本来我们四个人一人一个房间就可以了，但我一想马尔盖蒂这么不尊重中国人，我绝不能便宜他，我就提出我们每天晚上还要研究展览工作，不能在卧室进行，还需要一间会议室。虽然马尔盖蒂不太高兴，嘴里嘟嘟囔囔的，最后还是同意了我们的要求。除了四个标准间外，还给了一间小客厅作为我们的会议室。我们的膳食费也增加到800美元。

第三天，我们和马尔盖蒂的谈判是解决协议中提到的邮电费和医疗保险的问题。本来在其他国家只要你认可这两条，我们其实也很自觉，不会没事就和国内通电话或是没病非要去看病。而这次因为比方这么斤斤计较，所以有必要对协议的条款要一条条的确认，否则到时他们又不认账了。果不其然马尔盖蒂对与国内通电话又有异议，他说："如果你们和拉萨或乌鲁木齐通电话怎么办？"我马上说："如果文物出现问题，需要与拉萨或乌鲁木齐通电话，你也必须负担。"马尔盖蒂又不讲理地说："如果你们是和你们自己家人通电话怎么办？"我马上说："请你不要用小人之心，度君子之量，我们远离祖国和亲人跑到这里为你们举办中国展览，你不感谢反而这样不信任我们，这真叫人感到遗憾！"马尔盖蒂被我说得无言以对，只得同意我们的要求。就这样我们又争取到每周可与国内为展览通两次电话，并得到按协议规定由比方为我们买医疗保险的承诺，饭费又加到900美元。

第四天，换了一个佛朗芒语区的司长与我们谈判，这位先生和蔼可亲，笑眯眯地对我说："今天的天气多么的晴朗、阳光灿烂，我们已经

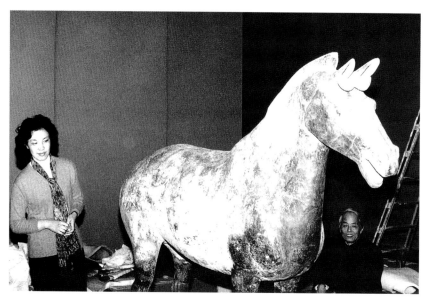

1982年，在比利时观看秦兵马俑的开箱

退了三步了，你们再退一步，900美金就成交了吧？"我也笑嘻嘻地告诉他，这不是退不退步的问题，而是执行不执行协议的问题，必须按展览协议办事，1000美金一个也不能少。这位司长看我们的态度仍然不变，他看来也是有备而来，马上说："好吧，我们尊重协议的精神，同意每月提供1000美元的膳食费。"

经过四天的斗争，我们终于争回了属于我们应有的权力，我们高兴极了。连为我们开车的彼得先生都对我们竖起大拇指，并告诉我们比利时文化部的官员们说："四个中国人漂亮地捍卫了中国的利益"。并说当地已经有人写信给比利时文化大臣，提出马尔盖蒂对中国展览团无理取闹。

谈判获胜后，比方的展厅也准备就绪了，我们双方又开始投入到开展前的紧张工作。文物的开箱、点交都十分顺利，我们最担心的秦兵马俑坑出土的原大马俑也安然无损，在中、比两国专家的通力合作下，展品的布置陈列如期完成了，展览将按原定日期开幕。

就在这时，来自陕西的老陈的眼睛出了问题。老陈是高度近视，到了国外，很多地方的大门都是玻璃的，又擦的贼亮，老陈不止一次撞在玻璃门上。布置陈列最紧张的一天早上，老陈对我说："小王，我的眼睛上有条黑杠杠。"我一边干活一边开玩笑地说，我这蒙古大夫给你诊断那叫视网膜脱落，说完也没当回事就过去了。又过了两天，老陈又对我说："小王，我眼睛里有个黑柱柱。"我看着老陈认真的样子，再不敢胡开玩笑了。这时已是下午快五点了，我们赶紧把老陈送到当地最著名的一家医院，经过大夫用仪器检查，确诊为重度视网膜脱落，老陈的左眼视网膜全脱落，必须做手术。右眼按大夫的话说就像破渔网一样，也需要立即修复。大夫说我们如果再晚来一点，老陈就会失明。这真把我吓坏了，不过我也挺奇怪那天我怎么胡说八道居然说出个视网膜脱落，还真让我蒙对了。

我们马上办了住院手续，将老陈送进病房。护士说大夫交待病人要绝对卧床，大小便也不能下地，否则右眼视网膜还会继续脱落。老陈一句外语不会，让他一人住在外国医院里，真是太难为他了。当时老陈就掉眼泪了，拉着我们的手说："你们能不能留下陪我，我一句话都不会说怎么上厕所啊！"可这里的医院根本不让病人亲属留床，全部由护士负责。我们只好劝老陈安心住院，并教他两句最实用的话。也是最能解决问题的法文："PiPi、CaCa"，也就是儿语"尿尿、屎屎"。告诉老陈只要有需要就按铃叫护士，护士来后你或PiPi或CaCa，她就会给你拿来小便壶或是大便盆，绝对没问题。老陈只好放开手让我们走，但我看得出他真的很害怕、很紧张。

第二天一大早我们又赶到医院，看望老陈，并和主治大夫见面。老陈情况还好，情绪已经平定，陕西味的PiPi、CaCa已经用得很熟练了，只是为了保护他的眼睛又带上了避光的黑眼罩，这回可真成了陈瞎子了。主治大夫说需要先对老陈进行全面检查，然后左眼再做手术，右眼进行激光修补，目前一定要休息好，营养要跟上。

通过老陈住院，什么叫吃洋饭受洋罪，我可是真体会到了。中国人对西餐偶尔吃几顿还可以，但如果天天吃、顿顿吃，而且是从早到晚还躺着，就很难受用了。所以老陈每天面对洋饭的感受可想而知，别说吃，就是闻了都想吐。医院方面对老陈每天吃不下东西也很着急，营养师为老陈的营养问题特别找我问怎样才能使老陈多吃点，我当时想老陈长年生活在陕西，一定喜欢吃面条，就告诉营养师，去中国商店买点调料给老陈做点面条吃，还专门指导了一番。第二天我再去看老陈时，营养师哭丧着脸对我说："我按您的要求给陈先生做了面条，可是他还是不吃，我给您留了一小盒，您尝尝，看做得对不对。"营养师从冰箱里拿出一小盒面条，我一尝，一股说不上的味道，不中又不西，真难吃死了。营养师将中国酱油和外国奶油，还有点不知是什么菜放在面里一起煮，面条还特别硬，怨不得老陈吃不下去，我也没招了。营养师说为了保证老陈每天的营养，从明天开始，每天给他准备一大瓶营养奶，营养奶中有十八种胺基酸，可以保证人体一天的需要。从此，每天早上老陈都像婴儿一样抱着一个硕大的奶瓶对着大奶嘴喝他的生命之泉。

　　老陈每天最盼望的就是我们一天早晚两次的探视。每次去老陈都要拉着大家的手说个不停，恨不得把憋了一天的话都说完。我完全理解，把谁一个人放在异国他乡，没有一个说话的人，也要闷死了，何况眼睛还不能看东西，几乎生活在黑暗中。所以我们不管工作多忙多累，早晚两趟的探视雷打不动。老陈对医院的服务赞不绝口，老陈对我们说：总说雷锋助人为乐，可在国内他没碰见过雷锋，在这他感到医院的工作人员个个都是雷锋。每天早上，护士小姐都要给老陈从手指尖开始擦洗到脚指尖，给他喂水喂饭，这把老陈感动的不行，老陈说这辈子他老婆也没有这样照顾过他呀！

　　两周后，医院的眼科主任，据说也是欧洲最好的一把刀，为老陈左眼做了手术，右眼进行了修补。老陈的眼睛算是保住了。为了感谢医院对老陈的治疗和照顾，我们向博物馆要求在正常参观结束后专门为医院的大夫、护士们安排一次参观展览。那天专场参观，整个医院，不当班的大夫、护士们几乎都来了，大家看得都非常高兴，很多大夫都是第一次看到中国的文物，他们对中国古代的这些珍贵艺术品十分欣赏，赞叹之声不绝于耳。那位主刀的眼科主任看到这些来自古老中国的出土文物感到十分兴奋，同时表示能为中国的考古专家治好眼睛感到荣幸。

　　这次老陈生病住院也多亏了我们刚来时与比利时文化部的交涉成功，根据展览协议，在展出国工作期间随展人员生病，由展出国承担全部费用。老陈这趟住院仅一个月就花了七八千美元，全都从比利时文化部为我们买的医疗保险中支付。

　　老陈出院后，大夫要求他继续卧床静养三个月，这期间工作是绝对不可能的，经请示国内，决定提前送老陈回国养病。为了保证老陈的营养，我们还用结余的饭费为老陈买了很多巧克力给他带回国吃。由于那时布鲁塞尔没有直航北京的飞机，我们三个人陪着老陈坐着医院的救护车，由布鲁塞尔一路闪着蓝色的救护灯直抵巴黎机场，再由医护人员用担架把老陈抬上飞机，医院方面还一再要求，到北京后也要用担架抬下来，到北京可没人把老陈当回事了，是他夫人搀着他一步一步走下飞机的。

老陈回国后，我们全身心地投入到随展工作中。展览异常成功，平均每天接待三千观众，比利时大报、小报都长篇报导并介绍中国古代艺术和"中国珍宝展"的每件文物，比利时的皇室人员、各部大臣及朝野各界人士都来参观，我们几乎每天都要应馆方的请求接待重要的客人。大、中、小学也都专门安排参观学习中国的历史。我们还特别为各个学校的老师进行辅导，这些教师说，他们过去只教孩子们古罗马史、古希腊史、古埃及史，从来没有人讲过中国历史，所以这次展览太好了，等于给孩子们补上中国历史课了。为了让学生们更好地理解中国文化，老师们为孩子们准备了填空题，要求孩子们在参观中寻找答案。所以在展厅中，经常看到孩子们手拿卷子在认真地观看展品，激烈地争论着，他们还在老师预先发给大家的兵马俑的图形上，根据自己的想象描绘出自己心目中兵马俑的服饰，有的孩子在兵马俑的战袍上画上小动物，有的画上各种花草，有的画上太阳和月亮。相信这堂生动的中国历史课会使比利时的小朋友留下难以忘却的回忆。

比利时首都以外的各地的人们也纷纷赶到布鲁塞尔来争睹中国的珍贵文物。记得有一个星期天，家在距布鲁塞尔百里外的安德卫普市的一家老少四十余口，在八十多岁老爷爷的带领下，一大早乘火车专程到布鲁塞尔来参观"中国珍宝展"。看完展览后，这家人要见中国随展组，那位八十多岁的老爷爷拉着我的手，一再地称赞这个展览太美好了，是他看到的最好的展览。老人家说一定要去中国，一定要让他的孙子学中文，要让全家人都热爱中国。

我们随展组也因为展览的成功，而备受比利时媒体的青睐，报纸、杂志上经常有我们的消息和照片，我们走在街上或去小饭馆吃饭，经常有人主动和我们打招呼。记得有一次星期天，我们三人去布鲁塞尔郊区的公园参观一个展览，那天我穿了一双新鞋，刚上脚的鞋总磨脚跟，看完展览我的右脚后跟已被磨破，几乎是一瘸一拐艰难地往前蹭着。这时我们碰到一对老夫妇带着一个小孙女也刚看完展览出来，老夫人注意到我的脚有问题，于是十分关切地说："你们是中国文物展的工作人员吧，我很喜欢你们的展览。这位夫人的脚是不是受伤了，我看您不可以再走了，这样吧，我开车送你们回去。"这时对我真可谓雪中送炭啊，我们一再的向老夫人表示感谢，但老夫人却说："不要客气，你们把中国这么好的展览带给我们，能为你们做这点事我很高兴。"老夫人的车很小只能坐四个人，结果老夫人的先生和小孙女就只好留在公园等老夫人送完我们再回来接他们。

旅居比利时的华人更是对我们欢迎的不得了，他们说过去没人看得起中国，而中国的文物展让他们扬眉吐气，腰杆也挺起来了。离我们住处不远的一家中餐馆是由一对久居海外的中国母女经营的，自从中国文物展开幕以来小饭馆的生意格外红火，很多比利时人看完中国展览后再去品尝中国的美味佳肴，这间不大的中国饭馆经常要排队等候才能入座。老板娘高兴极了，常常为我们做些地道的中国菜。我们长期在外总想吃些清淡的东西，老板娘就特别为我们熬米粥、炒些咸菜，大家吃起来觉得特可口，好像回到家一样。老板娘和她的女儿也成了展览的义务宣传员，不仅向我们要来展览的海报将餐厅装扮起来，而且还向那些没参观过展览的比利时人介绍中国文物展有多么多么精彩。我们离开布鲁塞尔前，专门去和这对母女告别时，她们和我们依依不舍，一再说从你们的展览让我们看到祖国强大了，我们一定要回国亲眼看看祖国的变化。

比利时文化部也几乎每周派人、专车陪我们到各地参观，我们几乎跑遍了比利时大大小小的城市，看了各种类型的博物馆和名胜古迹。各地都给予我们高规格的接待，省长亲自接待，各地都要求我们在贵宾留言册上签名，而且各地在宴请我们的菜单上都特别写上"为欢迎中国文物代表团"。比利时文化大臣也专门设宴招待我们，当面向我们致意，感谢中国政府将这样珍贵的文物送到比利时展出。还有一次我们在外省参观被安排的最后一个节目是百货公司，省里的一大帮人陪我们逛商店。到商店后，总经理亲自带着我们一层层地看，并不时地建议我哪件衣服我穿上一定好，那裙子很适合我等等。说真的，我们那时真是囊中羞涩，我们每天只有合一元人民币的美元津贴，连喝杯咖啡都不够。他们推荐的东西我是什么也买不起呀，只好说这衣服不适合我，那裙子在中国无法穿。可是又不能让这么多人陪着光逛不买啊，让人瞧不起。最后到了儿童玩具部，我看到一辆塑料玩具车价格还能承受得起，于是我和胡悦谦一人拿了一辆，就在我们去付钱时，总经理说：今天中国代表团买任何东西都算商店送的。我开玩笑地对老胡和肖松说：早知这样，

1982年4月在布鲁塞尔，比利时国王参观中国文物展

咱们一人就挑他个大电视，这看咱们买的只是几块钱的破塑料汽车就说送了。

就连曾在我们刚到比利时就与我们"刺刀见红"的马尔盖蒂也前后四次请我们吃饭。有一次还是在他的家里请客，除了马尔盖蒂的夫人和孩子外，出席晚宴的还有他的一些好朋友。马尔盖蒂特别将我介绍给各位朋友，说了一大车赞美我的话，这真叫不打不成交。马尔盖蒂也曾好几次当面向我致歉，并说当初是被人当枪使了。有一次马尔盖蒂对我说："我也去过中国，但我从来没见过像您这样的女士。"我特认真地告诉他，在中国我是一名普普通通的妇女，而且是属于温柔型的，当时我看得出来，把他吓得不轻。

我们在比利时得到的厚待，按照驻比利时使馆文化一秘的说法是红的发紫。我想这一是因为有中华灿烂文明的魅力，二是我们随展组通过自己的行动赢得了比方的尊重。

展览的影响越来越大，惊动了比利时国王和王后，他们也专程赶来，本来计划国王只停留45分钟，结果整整看了1小时45分钟。国王对中国艺术十分欣赏，问的问题也很专业，我们一一都做了回答。临走时，国王一再感谢中国政府将这样珍贵的文物送到比利时，并祝展览成功。国王参观完几天后，皇室的有关部门又特地给我们写信表示感谢。

展览的成功使大家心情非常愉快，但在这时又出了一件事，那是在展览快结束前两周，这天我像平日一样去展厅巡查，走到中国馆前，突然发现有人正在布置一个摄影展，其中有斯大林、萨达姆还有毛泽东等人的照片，但是展出者将这些照片都进行了丑化，毛主席的像做成一个半身靶，上面还布满了枪眼。斯大林的像下面是怪兽的身子，血呼拉拉的……展览的名字叫"独裁者"。我马上去找馆长，告诉他我不能忍受这个摄影展中丑化中国人民领袖毛泽东的形象，我的感情完全不能接受，必须将毛主席的照片拿下来，否则酿成外交事件由他负责。馆长表示，在西方这是个人的自由，他没有办法阻止这个办展的美国人。我说那好，你如果不撤这个照片，我就结束中国文物展，我不能让欣赏完中国艺术的人再来看侮辱中国人领袖的展览。馆长见我态度如此强硬，再看看排着长队等着参观中国文物展的观众群，只好同意我的要求。我远远看到馆长和那个美国人交涉时，美国人举着双手朝我这边乱喊乱叫，我不管你怎么叫，反正最后他只好同意把毛主席的像撤下来了。

展览在四月底前结束了，参观的观众达30万人，刚开始比方估计不会超过15万观众，结果是大大出乎意料，打破了博物馆有史以来，同期展览的最高观众记录，既为博物馆扬了名，又替博物馆获得不菲的收入。

根据展览协议，展览图录所得收入中零售价的8%应归中方，每天比方都要将门票和图录的销售情况报给我们，所以我心里对中方应得的费用十分清楚。可是比方最后给中方的利润报表，却比我们预计的收入少了近6000美元。这可不行，我马上找到馆长进行交涉，这才知道他们不是按零售价给中方，而是将税后价给中方，这里外差了很多。没说的必需按协议办，比方也没什么可解释的，乖乖地重新核算，将应付我们的一分不少补上了。我当时就想，看来他们一点都不是疏忽，就是看你中方有没有反应，如有，就给你补上，没反应，就算你活该。经过这次交涉，我对今后谈文物展览的协议条款非常重视，明白了这就是法律文件，是我们的权利和利益的保障，我方的利益必须锱铢必较，对外国人要敢于说"不"，凡是违反协议的任何作法都要敢于提出，也一定要纠正过来，这不仅是维护协议的精神，更是维护我们的利益和尊严，决不能掉以轻心。

——我所参与的中国文物对外交流

展览的成功使比利时文化部和博物馆的人员高兴得不得了，一连举行了好几次庆祝酒会，我们几位当然的又成为酒会上最受欢迎的人物，比利时文化部和博物馆的先生、女士们纷纷向我们敬酒，中比双方都热情洋溢地为中国文物展获得的巨大成功干杯，为我们的合作顺利干杯。

展品的撤陈、包装，在我们双方的通力合作下，文物没有发生任何问题。四月三十日我们和文物又在比利时警方荷枪实弹的护送下，安全抵达巴黎戴高乐机场。在法国警方的严密监督下，文物全部装上了中国民航班机，我们三个人也同机，和文物一起在第二天安全回到了祖国。

这次随展工作总算顺利结束了，虽然十分辛苦，但大家齐心合力克服了种种困难，我们四个月间还从苦苦争取来的每人每月1000美元的膳食费中为国家节约了7000美元上缴给局里。

应该说，我们的随展工作所取得的成绩，使局里对外展工作和随展组的任务，有了更全面的了解，对今后如何指导随展工作，制定可行的随展工作管理制度，取得了极为重要的参照资料。

对我来说，四个月的随展工作也锻炼了我对外谈判和处理复杂问题的能力，更坚定了自己对国家和民族的责任感和自责心，同时，进一步树立了自己在文物对外交流中的自信心和献身文物事业的决心。

组织赴美国"中华五千年文明艺术展"

　　1995年美国约纽古根海姆现代艺术馆正式向我国文化部提出，1998年在纽约举办中国古代和现代艺术展的请求。

　　文化部经过研究，考虑到在纽约举办大型中国艺术展，有利于向美国人民介绍中国的文明艺术，有助于促进中美两国的文化交流，同意了古根海姆艺术博物馆的这一请求，决定由中国对外展览公司和国家文物局共同承担这次展出任务。

　　1995年3月，我和中国对外展览公司总经理郝战、文化部外联局车兆和参赞、中国文物交流中心展览处殷稼处长一起赴美国纽约，同古根海姆博物馆就展览的主题和具体内容进行协商，郝战总经理负责现代部分，我和殷处长负责古代部分，车兆和参赞担任代表团翻译。

　　抵达纽约的第二天，时差还没倒过来，我们就去古根海姆博物馆开始了工作。纽约古根海姆现代艺术博物馆是美国著名的现代艺术博物馆，是由古根海姆基金会创办的，就在纽约第五大道纽约中央公园旁边，和著名的纽约大都会艺术博物馆遥相呼应。这座博物馆不愧为现代艺术博物馆，其建筑是现代派的建筑风格，从外观看有点像演马戏的圆形剧场，展厅里中心空间也是圆形的，可从地面到屋顶，旁边是盘旋而上的走廊，每上一层便到另一个小展厅。说真的这种展厅真不适合办文物展，办现代绘画展倒是相得益彰。

　　古根海姆博物馆是现代艺术馆，第一次举办中国艺术展，由于馆内没有研究中国古代艺术的专家，而美方又最重视这次中国艺术展的古代艺术部分。馆长克伦斯特别邀请了曾任美国克里夫兰博物馆馆长的李雪曼教授任展览顾问。据克伦斯馆长讲，27年前，他曾听过李雪曼教授的一堂中国古代艺术史的课，给他留下了深刻的印象，所以这次搞中国的艺术展就请李雪曼来担任顾问。对于这位李老先生我也早有所闻，他是老一代美国著名汉学家，在朝鲜战争时曾任美军文化官，朝鲜战争结束后开始研究中国古代艺术。由于中美两国隔绝了三十多年，不真实的报导使他们错误地认为中国大陆的文化艺术被毁灭了，已经没有研究中国古代艺术的专家了。因而西方的这些汉学家们个个都认为自己是研究中国古代文化的权威和泰斗，妄自菲薄地认为中华古代文明的研究中心不在中国而是在西方。当中美建交后，中国对外开放了，他们才知道中国大陆上研究中国古代艺术的老一辈都健在，后起之秀的水平也是他们所难以比拟的，绝不像他们想象的只有他们才是中国古代艺术的权威。但这些老汉学家不愿承认事实，也不愿去中国看看，更不愿和中国的专家交流交流，依然是孤芳自赏。对于那些不了解中国古代艺术的美国人来说，这些汉学家们的头上仍然闪着耀眼的光环。

中美谈判开始，我们见到了这位大名鼎鼎的李雪曼先生，高高的个

1996年4月，在纽约古根海姆博物馆赴美五千年文明艺术展谈判组与美方合影

1996年4月，在纽约古根海姆博物馆前与殷稼、郝战合影

子，头发几乎全白了，看上去最起码有七十多岁，但精神尚好，虽然有点不修边幅，但脸上仍透着一种傲慢。其他参加谈判的美国人对他都是恭敬有加。我们除代表团成员外，驻美使馆公使衔文化参赞李刚也参加了谈判。

我们先请美方谈谈他们对展览的设想和方案。李雪曼开始介绍他的方案，他讲展览将采取一种对比的方式即一边是商代帝王的用品，一边是奴隶的用具，一边是周王的青铜器，另一边是农奴使用的普通陶器，宫廷的绘画和民间的年画交叉展出……。我听着李老先生的方案，似曾相识，对，就像文化大革命中的忆苦思甜的陈列。对这个方案真不敢苟同，这样的展出肯定会杂乱无章，而且有一半的展品是没有什么艺术价值的生活用品，展览将会黯然失色，成为没有任何主题和亮点、极其平庸的展览。

而也就在头一年，台湾当局为了政治的需要，不顾岛内民众的反对，将台北故宫收藏的450件文物拿到纽约大都会艺术博物馆展出，其中仅宋元绘画就达150件之多，展览名称为"中华瑰宝展"。为了达到宣传台湾的目的，台湾当局还自己拿出300万美元支付赴美展出的费用，这也是台湾当局打的政治牌。如果我们的展览搞的不如台湾的影响大，那不仅是展览的失败，更是政治上的失误。台北故宫的展品，由于全是北京故宫原收藏的传世文物，显然很精彩，但缺少了大陆近年出土的那些动人心魄的珍贵文物，应该说，在学术价值和吸引观众上，台湾无法比得过我们。

李教授讲时，我就在想不管怎样，我都一定要驳斥他，一定要让他心服口服，让他主动放弃自己的方案，而且最重要的是，让古根海姆博物馆的馆长知道他的顾问提出的设想并不怎么样。

我抓住李雪曼对中国出土文物不了解的弱点，开始了我的发言。我先说李先生的展览设想很有特色，值得研究，但对于我们要搞的中国大型艺术展显然有很大的缺陷。我将中国的文明史比成一棵根深叶茂的大树，我指出李先生的方案只能代表大树局部的枝叶，这对要求全面展示中国艺术是绝对不够的，而且我们的展览一定要不同于近在咫尺的大都会艺术博物馆举办的"中华瑰宝展"，要凸显我们的特色和优势，那就是强调近年出土文物在展出中的重要作用。我大讲出土的珍贵文物在中国历史长河中占有的地位；大讲近年出土文物的学术价值和艺术魅力；

——我所参与的中国文物对外交流

大讲我们举办展览的目的是要让美国人民了解中华五千年文明艺术的发展，是让美国观众看到中华文明这棵大树的树干，看到的是浓缩的中国艺术史，"中华五千年文明艺术展"比台湾的"中华瑰宝展"更全面、更精彩。我足足讲了四十多分钟，我看得出来在座的美国人都被我的发言吸引住了，频频点头表示同意。李雪曼听我讲完也不得不说，你的想法很好，看来我的设想是需要修改一下。

谈判完了，回来的路上，大家都很高兴，初战告捷，这一仗打下来我们就主动多了，打出了我们的志气，削弱了美方的傲气，在展览的主题和展品的选择上，美方就不会再盲目地听从他们顾问的意见，明白了搞中国展览必须尊重中方的意见和决定。中国对外展览公司的郝总对我说，你这个大树论我可是第一次听说，想不到还挺有说服力。我说我也是今天现想起来的，就是要把美国人说服，要让他们知道，只有中国人才对中国古代艺术最了解，也最有发言权。

美方已没什么好谈的了，就按我们提出的展览方案，准备初选展品。后来几天我和殷稼最轻松，忙里偷闲去参观纽约的其他博物馆。

郝总他们两人开始和美方商谈现代部分的主题和展品，由于这是古根海姆艺术馆的本行，所以美方的要求就特矫情，涉及到现代艺术和一些政治敏感问题，双方争论得比较厉害，可没有我们那么轻松。

回国后，美方提交了展品初选目录，我们国家文物局为赴美展，专门组织了专家顾问小组研究。这个小组可不得了，由国内最著名的历史学家和考古学家组成，其中有北大著名教授原北大考古系主任宿白先生、原社会科学院考古研究所所长徐苹芳先生、中国历史博物馆馆长俞伟超先生、原故宫博物院院长张忠培先生、原国家文物局副局长考古专家黄景略先生等。

顾问小组对赴美国文物展览的主题和各个展览的单元内容进行了多次讨论。最后一致认为向美国人民全面介绍中国灿烂辉煌的文化艺术，用"中华五千年文明艺术展"为展览名称是合适的，可以反映中国艺术源远流长。这个展览的举办将是继1980年在纽约大都会艺术博物馆举办的"伟大的中国青铜时代展"以来，规模最大的中国艺术展览。

顾问小组对展品目录的审核确定也是非常严格的，首先考虑的是参展文物的安全，凡是对保护状况不好，易于受损的文物坚决从目录中撤下来。例如，美方提出要河北战国中山王墓出土的"铜错金银四龙四凤方案"，这件文物造型奇特，案座是由四条螭龙和四只凤凰盘绕在一起，龙和凤身上错金嵌银，还点缀着一颗颗绿松石，整件器物给人一种典雅、高贵的感觉，让人不得不赞叹先民的创造真是巧夺天工、叹为观止，这件文物做得实在太精细了，所以极容易损坏。为此，我们将它从目录中删掉，类似的文物撤下来不少，如山西省博物馆收藏的一块唐代涅槃变相牌，由于破损严重不能出展。

能否参展的第二个考虑是凡属于孤品的一级文物不能出国展出。美方顾问李雪曼由于对绘画情有独钟，所以在文物清单中所列绘画目录的分量可是不轻，其中有大名鼎鼎的唐代阎立本《步辇图》、五代韩熙载《夜宴图》等一批宋元名家作品。没商量这个目录中提到的一件不能提供。但是，考虑到台湾赴美展中展出了150多件宋元作品，虽然我们的展览是以器物为主，也不能没有中国的绘画，也不能没有宋代绘画。文化部领导要求我们这次展览要有所突破，将展览的影响做大。我们和专家组经过讨论，并报有关部门批准，决定提供少量宋元绘画（共五幅），和部分明清绘画赴美参展，宋元画目录由中方选定，我们请上海博物馆提供了宋元绘画作品。由于是第一次借展宋元绘画，我们要求美方提供专门的展厅和展柜，展出时间不超过两个月。美方高兴得不得了，完全接受了我们的条件。

我们和专家组还向美方提出，删除了一些对展览主题没有太多关联或是没有代表性的展品。另一些是体积过大并是田野石刻的，如河南宋陵前的石造像等，都不同意出展。对展品的审核是极为认真的，即要保证展览的高水平和学术性，又要保证出展文物的绝对安全，经过多次研究，才最后确定展品目录，总数达250件，一级品达50%，超过了国家文物局规定的文物外展的规定（文物数量不超过120个件，一级品不超过20%），"中华五千年文明艺术展"由文化部上报国务院。由于这个展览是近年来规模最大、品极最高的，所以展览的报批惊动了最高层，由江泽民、朱镕基、李鹏、李铁映和钱其琛五位领导人批准，这可能是中国赴外文物展览中批准规格最高的一次。

考虑到这次展览集中了这么多的珍贵文物，我和中国文物交流中心的同仁们专门参考了台湾赴美展的估价，并与国际上的中国文物价格进行了比较，将原来各省的估价进行了大幅度的调整，最后展品的估价定为3亿美元，这也是有史以来中国文物赴外展估价最高的一次，美方为展览投了高额保险费。

展览的筹备工作由中国文物对外交流中心具体承担，由交流中心的副主任杨阳领衔负责。由于展品来自全国12个省市，所以从编写展品说明到文物的包装、调运，工作量都是非常大的，各地文物管理部门也给予了积极地配合。筹备工作整整做了一年。在筹展工作中，中国文物交流中心始终将文物的安全放在第一位，不管在文物的集中、文物的保养、文物的点交和文物包装上都十分认真。记得在最后点交文物时，我们发现来自中国历史博物馆的一件元代缂丝"天王像"由于长期卷放在库房，打开后卷轴处发现掉下很多的丝线，这可不得了，如果挂起来展几个月，还不定会出多大问题呢！我们马上与美方点交的负责人提出，由于这件文物的状况不好，必须考虑文物安全，"天王像"不能赴美参展。美方点交人员也看到了这件文物的实际情况，完全同意了我们的意见，随即与纽约联系，决定从展品目录中撤下来。由于大家同心协力，做到了筹展工作安全、按时顺利完成。

为保证展览图录编制的高质量，我们特别聘请了最著名的中国文物摄影师，故宫博物院摄影组组长胡锤担任该展文物拍摄工作的首席摄影师。胡大师一行专程携带着几百公斤重的摄影器材，奔赴十个省市拍摄参展文物。胡先生高水平的文物照片保证了展览图录的高质量。据说直至2002年，"中华五千年文明艺术展"这本图录仍在热销中，在网上拍卖价达300美元一本。

展览于1998年2月4日在纽约正式开幕，文化部部长刘忠德亲自率团出席了展览开幕活动。出于媒体的宣传和古根海姆艺术博物馆的影响力，有太多的各界名流要求参加开幕式，所以仅开幕活动就举办了三天。中国古代艺术展部分在古根海姆艺术博物馆本馆，中国现代艺术展部分在纽约下城的分馆。开幕式的门票是2500美元一张，仍是供不应求。开幕那天，纽约本地的知名人士几乎都到了，同时来自美国其他城市及欧洲和香港的客人也不少。来宾们对这次活动都十分重视，男士们穿着晚礼服打着黑色领结，女士们个个珠光宝气打扮得雍容华贵。联合国秘书长安南和美国政界要员也来参加展览的开幕活动。

开幕当天，古根海姆博物馆布置的美轮美奂、流光溢彩，著名书法家启功先生题写的"中华五千年文明艺术展"的展览会标格外引人注目，中外客人都纷纷在会标前留影。大厅的四面垂挂着青、红、白、

1998 年 2 月，在纽约参加五千年文明艺术展开幕式上与董建平、郝战合影

黑四个中文条幅，上面用草书写着汉代曹植的"龙龟赋"的四句诗："苍龙虬于东岳，朱雀栖于南乡，白虎啸于西岗，玄武集于塞门"，整个博物馆充满了浓郁的中国风格。一层大厅摆满了桌子，晚宴将在此举行，每张桌子中央都摆着一个硕大的花瓶，花瓶内插满了香气四溢的西府海棠，使展览大厅春意盎然。

展览陈列在螺旋走廊和每层的展厅内，中国精美的古代艺术品在灯光的衬托下，是那样的华美、神秘，有着一种动人心魄的艺术魅力，深深地打动着每个参观者。熙熙攘攘的参观人群中，啧啧不绝的赞叹声在每个展厅、每件艺术品前回响着。作为一个中国人，一个展览组织者，这时真是我最高兴的时候，心底升起来的是一种自豪，一种作为中华民族一员的自豪。

这时我最想念的是我的母亲，就在我来美国的前几天，母亲永远的离开了我。母亲出生于书香门第，家学深源，早年曾就读于艺专（中国美院的前身），对中国古代艺术有极高的欣赏品味，对我做的一切母亲都是全力支持的。在母亲的病榻前，我曾无数次的对母亲介绍这个展览的筹备情况，母亲总是脸带笑容默默地听着我讲，那笑容给我的是赞赏和鼓励。现在母亲走了，再也听不到我告诉她展览是这样的成功，只有母亲那笑容永存我心，相信母亲的在天之灵一定知道女儿的努力终于成功了。

"中华五千年文明艺术展"取得了巨大的成功，对展览的好评如潮，美国各大媒体争相报导展览的情况，就连平日对中国极不友好的一些报刊杂志，也不得不一改以往的作风，盛赞中国古代文明璀璨夺目的艺术创造。展览风靡纽约，在社交场合人们谈的最多的是中国的文化艺术，是从展览中对中国的重新认识。人们从中国的文物展览，开始了解到了中国政府对文化艺术的保护，看到了中国国家的稳定，看到了中美交流的重要性。四个月"中华五千年文明艺术展"，参观人数高达45万人次，打破了古根海姆艺术博物馆有史以来，同期观众参观最高纪录。也超过了台北故宫"中华瑰宝展"在纽约四个月的参观人数。正如美国驻华使馆文化参赞所说："1998年中美文化交流的两大热点，在中国，是放映美国大片《泰坦尼克号》，在美国，是举办了中国展览'中华五千年文明艺术展'。"

展览在纽约结束后，我们又赴西班牙比尔堡古根海姆海外分馆展出。展览成为这座新博物馆的处女展。中华五千年文明艺术同样征服了西班牙和欧洲其他国家的观众，使本来毫不起眼的比尔堡名声大振，短短三个月吸引了西班牙和欧洲近70万观众，大大超过了比尔堡城人口的三四倍。而展览的影响深远，直至今日西班牙和欧洲其他国家观众还在津津乐道，他们将"中华五千年文明艺术展"列为20世纪最好的展览之一。

展览在当年秋天回到了北京，全部文物完好无损，我一颗高悬的心总算是放下来了。这次展览突破了两个一百万，即观众突破一百万人次，展览收入突破一百万美元。展览的成功不仅如此，"中华五千年文明艺术展"的轰动效应，在美国掀起了"中国热"，美国从南到北，从东到西著名的博物馆都纷纷向我们提出举办中国文物展的请求，因为中国文物展，已成为美国最受观众欢迎的展览。

继"中华五千年文明艺术展"后，1999年至2000年我们在华盛顿国家美术馆、休斯敦美术馆、旧金山艺术博物馆举办了"中国考古黄金时代展"、2000年在华盛顿佛利尔艺术博物馆举办了"中国古代青铜乐器展"、2001年至2002年在西雅图艺术博物馆、休斯敦艺术博物馆、纽约

1999 年 9 月，在西雅图与西雅图艺术博物馆馆长合影

1999 年 9 月，在美国华盛顿与美国国家美术馆馆长合影

大都会艺术馆举办了"千古遗珍——四川三星堆文物展"、2003年在代顿博物馆举办了"丝绸之路展"、2003年至2004年在洛杉矶、西雅图、芝加哥举办"西藏珍宝展"、 2004年在纽约大都会艺术馆举办"走向盛唐——中国5~8世纪文化艺术和对外交流展"、2004年在华盛顿佛利尔博物馆举办"中国青州佛教艺术展"、2005年将在纽约亚洲协会举办"中国辽代艺术大展"。

一个成功的文物展，为我们国家争取到如此崇高的荣誉，产生如此深远的影响，也是在举办这类展览前，人们始料不及的，国内的有关领导们也开始认识到中国文物展在对外宣传中的巨大潜力和不可低估的影响。

从展览组织者的角度来看，我认为成功是非常正常的，因为我们的先民为我们创造了卓越的文明艺术资源，有着沉甸甸的文化积淀，而且我们有着一支热爱中华文明的队伍，我们只要在对外交流中能够敢于坚持"以我为主，为我所用"的办展方针，就能最大限度的利用我们的优势，弘扬我们的民族文化，这也是展览成功的重要保证。

在澳大利亚谈秦代青铜剑的赔偿

1983年8月，我和中国文物交流中心的石雅珠刚从法国巴黎完成赴法"敦煌壁画展"撤展工作归来，在飞机场来接我们的同事就通知我，四天后我将再去澳大利亚。原来正在布展中的"秦始皇兵马俑展"的展品——秦代的一把青铜剑，由于澳方工作人员擅自改变陈列方式，将原来平放陈列的秦青铜剑，改成立体陈列，结果支撑力量的钉子滑动，致使秦青铜剑从25厘米的高度掉下来，断裂成两截。这可是严重的文物损坏事件，局里派我和中国文物交流中心主任于坚去澳大利亚解决文物赔偿问题。于是，在飞机场我就将护照交给局里的同事先去办赴澳签证。

连日的劳累在从法国回国的飞机上，我就觉得腰疼，加上坐了十几个小时的飞机，腰疼的更厉害了。回到家，一躺下，再也起不来了。第二天一大早，哥哥送我到体委的科研所去检查，这里是专门研究运动损伤的。一位专家给我检查后说，问题不大就是过度疲劳和风寒所致，只要按摩几次再卧床静养一星期就可以好了。我告诉他三天后还要出国，请大夫想想办法，怎么着能让我站起来。大夫说那好，你别怕痛，我先给你按摩，然后烤电，再贴上膏药，也许可以按时出国。大夫真是妙手回春，虽然当时把我痛得要命，但经过治疗我就觉得好多了，坚持了两天的治疗，第三天我又登上飞往澳洲的飞机。

那时还没有北京直达澳洲的飞机，必须在香港转机，从香港到堪培拉也需八九个小时，我的腰算是经受住了考验，但仍然发紧，迈不了大步，只能慢慢走。

第二天，我们到现场向先期抵澳的随展组了解了情况，观看了受损的秦青铜剑。下午去澳大利亚内政部谈判。这次赴澳大利亚"秦始皇兵马俑展"是政府项目，博物馆没有买商业保险，而是由澳大利亚政府保险，也就是说，如果文物出现丢失或损坏，由澳大利亚政府负责赔偿。所以要由内政部和我们谈判。

谈判开始，澳内政部的官员也够可以的，先声夺人，居然说他们认为这把秦青铜剑是修复过再断裂的，这等于说澳方责任并不大。我们一听这不是推卸责任耍赖吗！我当时想这些外国人都会这套，别以为中国人好欺负，光听你们说就能算数了！尤其是本人最不怕外国人了。

我马上说，你们的根据在哪里，这把剑在双方点交时明确写的是完好无损，你们的代表也认可并签收的，如今出了问题怎么变成原来是修复过的。内政部的先生们一听我这么讲，顿时语塞，只好自己找个台阶，认为这两千多年的青铜剑怎么可能保存的这么好，一定是修复过，真是幼稚可笑。同时，他们又提出用X光测试一下，显然，这也是要扳回他们的面子。我们来前已做了充分的准备，也调看了这把青铜剑的原始材料，在秦始皇陵的陪葬坑出土的青铜剑一共六把，都是完好无缺的，而且都是秦代军队实用的兵器，并不是为陪葬用的冥器。我们同意可以用X光测试。

第二天，我们专门到澳方的一个实验室去看测试情况，很快测试的图样出来了，图片上清清楚楚地看到，在青铜剑上只有这次被摔裂的唯一的断痕，有意思的是，青铜剑的剑刃两侧有细小的使用过的痕迹，这说明这把青铜剑确实是两千年前秦始皇的部队使用过的兵器。尤其让澳方震惊的是，测试资料证明，这把剑的表面还涂抹着用来防锈的一层铬。在工业上用铬来防锈，西方是在20世纪30年代才发明，而我们的老祖宗却在二千年前就使用了，这太让人吃惊。这再次说明中国古代的科技发明绝不仅仅是四大发明，还有更多的发明和创造需要我们后人去研究、去发掘、去光大。

这次X光的测试，真叫长了咱中国人的威风，澳方官员再坐在谈判桌前，已经完全没了那种不服气的傲慢态度。他们被中国的古代科技征服了，一再说真没有想到中国古代的科技程度那么高，并为自己国家只有几百年的历史感到遗憾。谈判再不用辩论是谁的责任了，事实证明澳方应负全部责任。双方只需讨论澳大利亚政府应该赔偿多少的问题了。

这把青铜剑的估价是200万人民币，按损伤的程度是严重的，但属于可以修复。按双方签署的协议的规定，可以修复文物的赔偿应不超过估价的50%。我们来前也专门研究了赔偿比例的问题，当时有关领导提出从两国关系考虑，赔偿不低于15%就可以。

澳方首先承认他们的失误，提出虽然文物摔坏了，幸亏还可以修复，文物还归中方，要求只赔偿15%。我提出虽然可以修复，但文物价值已经大大降低，原来价值200万，而现在已不值这个数了，可能100万都不值了，你们应将中方损失的价值全部补足赔偿。澳方一听十分紧张，认为如果中方不同意15%，可以提出可行的比例，但100万是万万

1984年，在堪培拉出席展览开幕，主席台上发言的是霍克总理

做不到的。我们经过商量，考虑到来时的要求及目前的情况，提出要求澳方赔偿25%，并明确告诉他们这是从中澳两国的友好关系出发，这个比例是最后的底线，中方不会再让步了。澳方一听，赶紧表示感谢，很快请示他们的上级，同意向中方赔偿25%即50万人民币。

赔偿问题解决后，我和于坚主任又代表局里作为代表团成员出席了"秦始皇兵马俑展"在堪培拉的开幕活动。

秦始皇兵马俑自1974年出土以来，被称为"世界第八大奇迹"。这次是第一次来到澳大利亚展出，继悉尼和佩斯之后，堪培拉是第三站。堪培拉到处挂着展览的大幅海报，公交车上也贴上了兵马俑的图片，全堪培拉的人们都在等待第八大奇迹的登场。

开幕式那天，堪培拉博物馆就像过中国节一般，到处挂着随风飘扬印着兵马俑五颜六色的小旗，中国的大红灯笼高高悬挂在博物馆的门前。

展览开幕式上，澳大利亚总理霍克、中国驻澳大使、展览的赞助方澳大利亚石油公司总裁、航空公司总裁、还有我和于坚主任站在主席台上。霍克总理发表了热情洋溢的讲话，盛赞中国古代文化的源远流长，感谢中国政府和中国人民将这样珍贵的文物展送到澳大利亚，使澳大利亚人民能亲眼目睹"世界第八奇迹"。

我身着一袭漂亮的旗袍站在主席台上，确实吸引了不少记者的镜头，我的腰还没好，这样直挺挺地站着，着实受不了，我只好不停地变换重心，一会儿用左腿支撑，一会儿又靠右腿支撑，在台下看一定认为我有毛病。参观开始，本来是由于坚陪霍克总理参观，我陪霍克总理夫人，但由于腰的关系我只能迈小步，不得已改请随展组的同仁陪霍克夫人参观展览。

对展厅设计，博物馆也颇费了一番功夫，展厅内布置成兵马俑坑原样，并铺上了和陕西兵马俑坑同样的黄土。观众通过坑道一步步走近兵马俑，而十件兵马俑通过四周镜子的反射呈现出千军万马的宏伟效

与于坚主任摄于堪培拉博物馆展馆前

果，给观众视觉上巨大的冲击，使人有身临其境的感觉。观众们的反映是极为强烈的，都在惊叹中国两千多年前的创造，在兵马俑前的参观者们都驻足观赏，久久不愿离去。

很多观众从我这瘸子旁边走过时，都对我竖起大拇指，表示他们喜欢这个展览。

开幕式结束后我和于坚，完成访澳的任务。第二天，怀里揣着合50万人民币的支票，登上飞机经香港回到了北京。

到意大利举办"黄河文明展"

1990年11月，为配合李鹏总理对意大利的访问，外交部要求我们国家文物局将与意方已经商定的赴意大利"黄河文明展"的协议，在李鹏总理访意时正式签订，作为李鹏总理的一项访意成果。

"黄河文明展"是由我局与意大利政府万国博览会洽商的文物展，交由山西省文物局具体承办。展览定在1991年秋季举行，其中很多协议细节还未最后商定。为了配合外交部的安排，我们加紧通过驻意大利使馆文化处与意方进行协商，每天都要发传真、打电话，临上飞机前我们才将中、英文本的协议书、展品目录、估价等准备好。总算在规定的时间，完成了展览协议的商定。

当时的国家文物局局长张德勤和我一起赴罗马参加展览签字仪式。临走前忙了好几天，真觉得挺疲倦的，一上飞机我就开始昏睡，那时还是走东线，要在莎迦停留一小时加油，从北京到莎迦飞八小时，一直到飞机降落我才醒过来。张局长看我终于醒了，不无忌妒地说："你可真行，上飞机就睡，我可是吃了两片安眠药都没睡着，想和你说话，你可好一直不醒。"

飞机加油停留一小时后，离开莎迦继续向西飞，抵达意大利罗马时，我们已经飞行了17个小时。

第二天上午就要正式签字，所以我们也顾不得旅途的劳累，蓬头垢面的就从机场直接到万国博览会的办公室，和意方就展览协议进行最后的敲定。

万国博览会主席斯皮奈利先生是意大利内务部副部长，是一位很有风度的小老头，他虽然从没有去过中国，但对中国非常友好。我们和这位老先生会谈，在对展览协议条款的内容方面谈得很顺利，基本上没有什么异议。可是涉及展品目录时，意方突然提出要换成故宫的展品，这真是没想到的，而且明天就要正式签订协议了，现在要换展品是绝对做不到的。我马上问斯皮奈利主席："意方的这个变化是怎样提出来的，为什么现在才提出来？"斯皮奈利先生说："主要是大家都不了解'黄河文明展'的内容，怕没有观众看，只知道中国故宫有很多好东西，故宫全世界都知道，所以想换成故宫的展览，这样对观众才有吸引力。"

我一听这个理由就放心了，因为我手里有山西省文物局提供的展品目录册，图文并茂，制作十分精美的这份展品的目录，足够说服意大利人。我拿出目录先介绍了黄河是中国文明的发祥地，山西在黄河文明和中国历史上的地位，然后逐件地介绍这次参展的文物，从每件文物的艺术造型到学术价值，一一作了完美的评价。我肯定地告诉他们，展览一定会受到观众的欢迎，而且也承诺今后我们可以再搞其他的中国文物展，包括故宫展。我的这番讲解深深地打动了意大利人，尤其是我告诉他们，这批文物 90%是第一次到国外展出，意方感到特别兴奋，他们相信我所说的，对展览的成功增强了信心。

这样，双方在展览协议上完全达成了一致，我将中、英文本的协议书连同全部的文物资料全都交给了意方，双方约定好第二天在签字地点见面。

第二天上午，驻意使馆文化参赞李国庆陪我们去意大利总理官邸玛西姆宫，参加由两国总理主持的签字仪式。玛西姆宫是意大利中世纪著名的宫殿，也是历任意大利总理的官邸。整座宫殿是用大理石建造的，十分的宏伟壮观，我们经过层层警卫的盘查，终于进到宫殿里。一进门就是大理石台阶，拾级而上两边摆放着文艺复兴时代的大理石石雕，墙壁上悬挂着巨大的壁毯和著名的油画，给人一种充满艺术而又富丽堂皇的感觉。

十一点，李鹏总理在意大利总理安德烈奥地的陪同下来到签字大厅，两国总理站在中、意两国国旗前，张德勤局长和斯皮奈利主席在摆放着鲜花的长桌上，分别代表两国政府在"黄河文明展"展览协议书上签了字。为庆祝展览签字成功，两国总理和在场人员频频举起斟满香槟酒的酒杯表示祝贺。

由两国总理主持文物展览协议的签字，这恐怕是中国文物对外展览协议书签订迄今为止的最高规格了。

签完字后，我们双方又就展览的具体筹备工作和中意双方的分工，又进行了几次实质性的商议。万国博览会是第一次举办中国文物展，我们特别对文物的安全和各类文物所需要的保护环境技术参数加以讨论。我们还去考察了展览场地，展场设在新罗马的一座展厅，当时正在展出来自秘鲁的玛亚文明展。展览的布置手法很现代，却能营造出一种神秘的亚玛逊丛林的氛围，给观众很多的遐想。从这个展览的策划陈列手法，可以说明意方在展览上是有实力的。唯一令人不满意的是新罗马位于老罗马城的郊区，是当年墨索里尼建造的新城，现在是很多大公司所在地，居民不多，这恐怕会影响观众的参观人数。

主要任务完成后，我们参观了意大利众多博物馆和名胜古迹。不能不承认意大利在文物保护方面在全世界是领先的，尤其在大遗址和古城的保护方面有许多值得中国学习和借鉴的地方。在参观很多意大利的小城时，恍惚有时光倒流的感觉，那鹅卵石的地面，那高耸的教堂十字架，那深深的小巷都使人仿佛进入中世纪的城市。意大利的人民对保护自己民族的文化遗产十分重视，也就是从这次访意，国家文物局认识到应该与意大利文化遗产部开展积极的交流与合作，以促进中国文物保护事业的发展。

我这次到罗马签定协议，还遭遇了抢劫。那是离开罗马的前两天，参观了一天的名胜古迹后，我和张局长，还有国内派到罗马文物修复中心学习文物保护和修复技术的詹长法和杨林，大家正准备找一家中餐馆吃晚饭。张局长身穿考究的灰呢大衣，头带着一顶灰色的呢礼帽，上午我们还开玩笑说张局长活脱脱的像蒙古大乌拉尔主席，而我们三个一看就是随从人员。这时已是八点多钟，走进一个小广场，不知为什么我好像有点不祥的感觉，把本来背着的皮包拿下来，挟在胳膊底下。张局长和杨林走在前面，杨林手上拿着放有我和他的两个照相机和胶卷的绿色尼龙包。我和詹长法走在后面，相距有十几米。这时见一辆双人骑的摩托车从前面朝着我们开过来，突然听见张局长大声叫起来，只见杨林手中的包被骑在后面的男子抢在手上，但尼龙包的带子还在杨林手中，杨林在追着摩托车跑，那怎么追得上，很快摩托车上的男子就把包带扯断了，眼看着摩托车也就不见了踪影。

杨林脸色发白，惊魂未定，第一句话就说："包里的公家照相机你们可得帮我证明是被抢了，不是我丢的。"我当时想，你怎么不说我的那架照相机，我的相机不是也无辜的被抢了，谁赔我呀。况且最可惜的是我那拍完了的三卷胶卷，没法弥补了。

在意大利遭遇小偷小摸司空见惯，我们虽然也报了警，但破案的可能几乎是零。据警察讲，这些人要的是钱，其他物品他们没兴趣，你们的照相机可能过两天在跳蚤市场上就会出现。

"黄河文明展"协议书签订后，意方的人员又专程赴山西看展品，

挚爱与奉献

——我所参与的中国文物对外交流

策划展览的陈列设计。在山西，意大利客人感受到了黄河文明带给他们视觉上的巨大冲击，这是完全和西方不同的东方文明，不管在件件珍贵精美的文物前，还是站在古朴典雅的古代建筑中，他们真正理解了中华民族的自强不息和中华文明作为人类重要文明之一所给予人类的伟大贡献。在他们的亲身感受中，来自意大利的展览设计人员确信"黄河文明展"一定会受到意大利人民的欢迎。

1990 年，在山西太原与意大利人一起挑选赴意展展品

展览在双方的通力合作下，筹备工作一切就绪，1991年11月在罗马正式开幕了。山西的文物精粹征服了意大利的观众，罗马各大报刊都对这个展览跟踪报导，一时间新罗马的展厅成为罗马人的新宠，大家都对来自中国的古代艺术给予了极高的评价。意大利举办方对展览的成功兴高采烈，尤其是斯皮奈利主席特别满意，因为是他选择了"黄河文明展"。

我有幸也参加了展览的开幕式，又一次亲身体验了中国古代文明的巨大魅力。意大利是文明古国，其艺术创造享誉世界，能让意大利人欣赏的展览是要有相当水平的。中国文物展正是用中华文明创造的不朽艺术，证明中华民族在人类文明史中的重要地位。展厅前用玻璃钢复制原大的唐代蒲津渡四个大铁牛和铁人，向人们展示了在公元8世纪中国制作的世界最早的浮桥历史，典雅的建筑模型使意大利人对中国的古代建

1991 年 11 月，在罗马的文物展新闻发布会上回答问题

1991 年 11 月，在罗马的中国文物展上留影

筑肃然起敬，而那些制作精美的艺术品更使意大利人流连忘返。

展览成功了，大家皆大欢喜。可是这次罗马之行，我的遭遇比上次还糟糕，碰上一件想都想不到的事。为了宣传展览，罗马电视台请我们中国展览代表团全体去电视台作一次采访，我和文化部及山西来的几位代表团成员早早就到了电视台，采访将在电视台的剧场中进行，进剧场先要走上二十几个台阶的大理石楼梯，那天我特别穿了一件很有中国风格的中式

1991 年 11 月，在罗马与徐展堂夫人在中国文物展前留影

服装，蓝印花上衣配黑色的呢子裤，脚上是黑色高跟鞋。其他几位还在楼下休息时，我第一个先走上楼梯，当我还差两个台阶就要到时，我看见站在上面的一位足有两百多斤的大胖子，突然晃了两下向我身上倒下来，我当时想这位可能是心脏病或者是高血压犯了，本能的用双手扛了一下，无奈这位老兄太重了，我脚上的高跟鞋支撑点又有限，我的身体重心被一股很大的力量推倒，就在这一瞬间真是鬼使神差我居然将身体转了过来，脸朝下顺着楼梯摔下来，那位大胖子就压在我的身上，我整个是他的一个大垫子。当时就觉得小腿特别痛，我想肯定是骨折了。在同伴们的搀扶下我站了起来，才看到裤子也摔破了，地下流了很多血，慢慢走了一步，还好没骨折。真是庆幸，如果我是后脑勺着地，肯定世界上又新出炉一位傻大姐。

最可恨的是那位把我砸下来的大胖子，在我这个人体垫子的呵护下，他一点事没有，只是把眼镜摔掉了，看着我那个惨样，他居然不来

向我道歉，简直太可恶了。

意方接待单位，怕我的腿有问题，赶紧把我送到医院，经大夫检查骨头没问题，只是小腿前面破了一个五厘米的大口子，需要缝合。正在这时斯皮奈利主席也从家里赶来了，他知道情况后，安慰我说没关系，缝上几针没几天就可以痊愈。我同意缝合但要求不要打麻药，大夫很是不明白，一定认为中国人不怕痛，我当时真挺害怕的，不是不怕痛，而是怕他们要给我输血之类的，那时正是对艾滋病谈虎色变的时候，真怕别传染上什么。大夫缝合时，斯皮奈利主席紧紧抓着我的双手，我还不错几乎没喊一声，生忍着让大夫缝完。

最有意思的是，大夫特别给我写了一个证明，证明我这次受伤是第三者伤害，如果需要保险赔偿可以作为证明文件，我如需要起诉那个砸我的大胖子，半年之内有效。我这才明白为什么那个大胖子不向我道歉，道歉就是承认是他的责任，他是怕我要他赔偿保险金。

第二天我的伤腿肿得厉害，也很痛，完全行走不了，本来要去巴黎和当时的流散文物处处长李季会合，与法国有关方面协商抢救流散在国外的文物问题。但这是不可能了，只好把去法国的机票退掉，并通知已抵达巴黎的李处长我不能去巴黎的原因。我们代表团其他成员还要到其他城市访问，我肯定也去不了，第三天我就一瘸一拐地提前回国了。

我在罗马的不幸遭遇也可能太富戏剧性了，没过几天就传开了，香港友人徐展堂先生给我打来电话，没说话先哈哈大笑，问道："听说你在罗马被一个体重四百多斤的大胖子把腿砸断了。"弄得我真是哭笑不得。不过话说回来，在罗马碰到这种怪事的也的确就我这么一个倒霉鬼。

为了"黄河文明展"，我在罗马遭遇了小偷，损失了个照相机，又被意大利大胖子砸下楼梯，腿上缝了几针，这也算是对山西文物事业的无私奉献吧！

挚爱与奉献

——我所参与的中国文物对外交流

在巴黎举办"中国考古发现展"

1998年9月应法国文化部的邀请，我参加中国文博代表团赴法国考察。同时与法国巴黎博物馆协会洽商2000年赴法举办中国文物展事宜。

有了1998年赴美国"中华五千年文明艺术展"的巨大成功，各国要求举办中国文物展的信函几乎摆满了我的办公桌，而且都是安排在千禧年。一时间，2000年在美国有"考古黄金时代展"，在日本有"世界四大文明展"、"中国国宝展"，在香港有"青州佛教艺术展"，这四个展览都是由国家文物局主办的大型文物展，无论在数量和质量上都堪称一流。

法国总统希拉克亲自写信给江泽民主席，也提出2000年在巴黎举办中国文物展的要求。外交部征求了我们的意见后，以江泽民主席的名义复函希拉克总统，同意2000年在法国举办中国文物展。

赴法前我和中国文物交流中心副主任杨阳、展览部主任殷稼就赴法展的主题和内容进行了研究。我们分析了目前已在筹备的四个大展的内容和已经选定的文物目录，回顾了在法国举办过的文物展情况，本着既要办成功法国的展览，又不能影响其他国家的展览前题下，我们提出了一省三墓考古发现展的方案，一省以陕西省为主，以近年考古新发现为主线，三墓即河南三门峡西周虢国墓、淅川下寺楚墓和内蒙辽代陈国公主墓。这三个墓均为近年来的考古新发现，出土文物品级高，具有很高的艺术价值和学术价值。而且这个展览的主题和文物组合是第一次在欧洲展示，相信会在法国引起轰动。我就是带着这个展览方案和有关资料踏上了法兰西的大地。

展览的谈判是和法国主办方——巴黎博物馆协会主席，及展览承办方——巴黎小宫殿博物馆馆长，及对中国文物有一定的收藏和研究的巴黎赛努奇博物馆馆长之间进行的。巴黎博物馆协会主席芳黛娜是一位漂亮的女士，看得出也是一位很厉害而且能干的女强人，不然不会担任这个职务。小宫殿的馆长是一位彬彬有礼的学者，而赛努奇博物馆馆长贝干则是一位总是带着笑容的先生。

谈判开始后，我就拿出了中方的展览方案和有关资料，并对方案进行了详细地讲述。法方听完我的介绍，几乎没有提出任何问题，他们表

1999 年 3 月，在北京法国使馆与法国代表团合影

1999 年 3 月，在北京与法国代表团在国家文物局合影

1999 年 3 月，在北京法国使馆签署中国文物展意向书

示对这个方案很满意，出乎他们的意料的好。法方提出的问题是用什么文物作为整个展览的标识性展品，也就是图录的封面明星。要选择有代表性的又是能吸引人的，最后商定是从陕西秦始皇兵马俑坑出土的兵马俑、汉代茂陵出土的鎏金马、唐代法门寺的铜鎏金大碗、淅川下寺楚墓出土的青铜怪兽中选定。同时双方商定展览协议的内容，待回北京再进一步商议。

1999年元月，法方应国家文物局的邀请专程来北京和我们继续就展览协议进行协商。法国代表团包括巴黎博物馆协会主席芳黛娜、巴黎赛努奇博物馆馆长贝干和法国文化部的一位女官员。

应该说谈判是很顺利的，展览的两大难点：一是展品的选择已没有分歧，二是展费每月10万美金，在我们的坚持下法方也同意了。双方共同确认展览名称为"中国考古发现展"，连宣传的标志明星秦始皇兵马俑，也在这次协商中敲定了。为了说明双方在主要问题上达成一致，中法双方还在法国大使为法国文物展代表团举行的宴会前，签署了展览原则意向书。

文化部也将"中国考古发现展"列为2000年在法国举办的"中国文化季"的重头戏，纳入整个"中国文化季"的活动安排中。

展览筹备工作有条不紊地进行着，中方将展品目录、展品估价及展品照片都已准备好，只等协议正式签订。就在这时法方对展品的保险提出了问题，即在保险中要强调如果在法展出期间，法国出现内乱、外敌入侵、核战争，而使文物受到损坏或丢失，法方将可以不予赔偿。这我们是绝对不能接受的，其实我也明白这三个月展览期间也不会出现上述问题，但不怕一万，就怕万一。如果真出现那种情况，中国的文物受到损坏和丢失，而法方不承担任何责任，那我不成为千古罪人了。经请示局领导，我们态度很坚决地拒绝了法方的要求。

这以后沉寂了有半年的时间，双方都不让步，展览协议的签订时间一拖再拖。一直到了2000年的6月，保险问题仍未解决，其他筹备工作因没签协议也只好停顿下来。

有一次，在时任文化部副部长的李源朝主持研究法国"中国季"活动的会议上，我向部里汇报了中国文物展所面临保险问题没有达成一致的情况。李源朝副部长十分重视，认为文物展是"中国文化季"最主要的活动，必须尽快解决。当时李副部长提出要和法方面对面谈，不能光靠传真沟通，并要我马上去巴黎，直接和法方接触，务必解决保险问题，尽快签订展览协议。

开完会后，我向局里转达了文化部的意见，局里同意文化部的意见，立即赴巴黎谈判保险问题。这样会后第四天我就直飞巴黎，到巴黎后住在使馆文化处。法方对我的到来十分欢迎，他们也十分着急，保险问题不解决，协议签不了，展览就无法举办。所以我到达的第二天上午，法方就安排了我们的会见。

我和驻法使馆文化参赞侯湘华、一秘顾以群，还有使馆的一位英文翻译一起去巴黎博物馆协会芳黛娜的办公室。法方除芳黛娜、贝干外，还有法国承办展览保险的一家保险公司的经理。谈判开始后，我先阐明中方的立场：这是中国的文物展，所以文物的绝对安全是我们必须要得到保证的。我们不能接受任何人为造成的破坏和丢失，这也是我们到其他任何国家举办展览，举办方必须承诺的，除此外我们不能接受任何附加条件。我讲完后，那位保险公司的经理翻开厚厚的一本书，开始向我引经据典地讲为什么要有附加条件。当时我想这么长时间谈不下这个保险，就是让法方的保险条款绕的，必须快刀斩乱麻，不能让保险公司在这搅和。我立刻说："对不起，请停下，我是甲方，芳黛娜是乙方，请问您是哪方?今天主要是甲乙方谈判，保险公司应该和投保方谈，也就是乙方谈，好像我们之间应该没有什么可谈的。我觉得您没必要参加我们的谈判。"我说完后，使馆和法方都愣住了。侯参赞还直说这样行吗，我对侯参赞说必须这样，否则谈不下来。保险公司的那位经理当时就咽住了，无奈地摇了摇头，再把那一大本厚厚的书和一堆材料收起来，悻悻地走了。

等保险公司的人走后，我对芳黛娜说："我不管你们和保险公司怎么签，我们之间的协议只能按我们和其他国家的惯例签，不能有任何附加的不赔偿条款。也就是说，你们对中国文物必须买全额保险，否则我们无法举办展览。至于你们和保险公司之间的事中方不管，只要协议中写明中国文物无论出现什么问题，法方都负责赔偿就行了。"

芳黛娜听完后，表示自己做不了主，还要和有关部门再商量后才能答复。我们约好第三天上午继续再谈。

如约我们又开始了谈判，看来法方也是很想尽快签定协议，最终法方作了让步，同意了我们的意见，不再附加任何不赔偿条款。

完成任务后，第二天我就搭民航回国，说真的连时差还没倒过来就又回来了，累是很累，但也很高兴，总算是把悬而未决，拖了半年多的

2000年11月，在巴黎中国文物代表团参加中国文物展开幕

2000年11月，与赛奴齐博物馆馆长在展览开幕式上

2000年11月，在巴黎与旅法画家赵无极

问题解决了。后来听朋友告诉我，这次谈判后法国人给我起了个外号叫"皇后"，大概是我"温柔"地把保险公司那位先生撵走，让法国人感到刺激吧。

保险问题解决后，展览协议很快就正式签署了，展览的筹展等工作全面铺开，文物在十月份安全抵达巴黎小宫殿博物馆。

十一月七日展览正式开幕，国家文物局局长张文彬亲自率中国文物代表团出席了开幕活

2000 年 11 月，在巴黎中国文物展开幕式上

动，文化部副部长潘震宙、驻法大使吴建民夫妇和法国文化部部长及巴黎文化界名流近千人出席了开幕式。展厅内外到处都是印有兵马俑的彩旗，"中国考古发现展"绛红色的巨幅会标树立在进口门厅内，我们代表团专门在大会标前留影，我和内蒙古文化厅副厅长赵芳志都身着民族服装，引来了不少法国观众赞美的目光。陕西文物局局长张延皓成了记者追逐的对象，记者们纷纷对中国近年的考古发现提出了种种问题。张延皓局长长期担任陕西文物部门的领导，精通文物历史，对秦川大地从古到今的发展了如指掌，有一次他陪同国务院某领导，从黄帝陵参观回西安的途中，向这位领导介绍陕西的历史，滔滔不绝地讲解，愣是等到了西安，才刚讲到汉代。他对陕西历史和文物如数家珍，所以张局长对付外国记者根本不在话下，所有提出的问题都一一给予了满意的回答，

使记者们十分满意，纷纷给张延皓局长拍照，看来中国文物官员渊博的学识给他们留下了深刻的印象。

开幕当天就有两千多观众参观了展览。那天，下着淅沥的秋雨，但展厅外仍然排着长长的队伍，法国观众都急不可待的希望亲眼目睹来自中国的稀世珍宝。巴黎各大报刊都登载了有关中国文物展的消息和中国文物的大幅照片，法国媒体不得不承认中国近年的考古新发现，进一步证实中国五千年的文明史对人类的巨大贡献，也不能不承认中国在文物的保护方面做出的伟大成就。

在吴建民大使的陪同下法国总统希拉克也专程参观了展览，希拉克总统兴趣盎然地欣赏了每一件展品，并不时地提出些很专业的问题，说明他对中国文化是有很深的了解。同时给中国文物展以极高的评价。

展览取得了巨大成功，三个月间，共接待观众22万人次，打破了小宫殿同时期观众最高纪录。也打破了毗邻大宫殿三年前举办的台北故宫"帝国的回忆展"16万观众的纪录。由于观众太多连展厅地板都踩坏了。

中国文物展览深深打动了傲慢的法国人，法国的各大博物馆也从中国文物展的巨大成功中，悟出了新的展览需求。"中国考古发现展"结束不久，法国巴黎博物馆协会、巴黎集美博物馆、巴黎凡尔赛宫博物馆等单位纷纷来到北京，拜会国家文物局，要求于2003~2004年在巴黎再次举办中国文物展。

届时在巴黎举办的有来自故宫博物院的"康熙大帝展"、表现中国绘画艺术的"神圣的山岳"、神秘的"四川三星堆文物展"、介绍中国先哲的"孔子文物展"等。

相信在2003~2004年塞纳河两岸将再次奏响中华文明的华丽乐章，中国古老的文化遗产将再次征服巴黎。

挚爱与奉献

——我所参与的中国文物对外交流

到克罗地亚举办"中国丝绸之路展"

1995年克罗地亚驻华使馆文化参赞巴克维奇拜会国家文物局，代表克罗地亚文化部提出1996年在萨格勒布举办中国文物展的要求。在萨格勒布举办中国文物展可不是第一次，早在上世纪80年代，克罗地亚还是南斯拉夫的一个省时，就曾两次在萨格勒布举办过来自中国历史博物馆的展览。

这是自从克罗地亚独立后，第一次向中国提出举办中国文物展的要求。我们考虑到两国的友好关系，原则同意克方的要求于1996年赴萨格勒布举办中国文物展览。

克方很快就派萨格勒布博物馆馆长索里奇先生和该馆正在北京学习中国艺术史的卡洛林娜来和我们具体协商展览事宜。双方先要确定展览的主题，其他才好进行。索里奇馆长根据两次办中国文物展的情况，提出要办一个有别于前两次通史性的展览，一个有专题的，西方人比较了解的文物展，最好是丝绸之路展。我们也认为这个题目很好，文物也很精彩。同时考虑到甘肃和宁夏都是当年丝绸之路必经之路，也有丰富的文物，但由于比较偏僻，外展的机会少，这次正好让由甘肃、宁夏两省来承担展览任务。索里奇馆长对我们的建议表示同意，并要求由卡洛林娜作为博物馆的全权代表，与中方一起筹备展览。

卡洛林娜是萨格勒布博物馆的研究人员，已经在中央美院留学了两年。卡洛林娜十分热爱中国文化，不仅中文说得很好，而且对中国的烹饪、习俗都十分欣赏。也许是太喜欢中国食品的原因，她说刚来中国时只有90斤，现在，卡洛林娜福态的可以，只要她一上车，汽车的轮胎都会压下去一大截。卡洛林娜性格开朗，任何人和她在一起都会被她的欢乐所感染，最可笑的是，她有一次非常认真地向我和翻译小陈介绍了一种德国的减肥法，我和小陈看着她肥硕的体态，实在忍耐不住哈哈大笑。小陈对我说，有这么好的减肥法她怎么不试试。卡洛林娜告诉我，她希望今后能在中国继续学习和工作，她真的很喜欢北京的一切。

我们很快与甘肃省文物局、宁夏自治区文物局进行联系，要求他们承担赴克罗地亚举办"中国丝绸之路展"的任务。甘肃和宁夏文物局都十分高兴地接受了任务。

由于甘肃和宁夏很少赴外独立承办展览，我和同事陈淑杰专门陪卡洛林娜赴甘肃、宁夏挑选展品，并与两省博物馆的领导共同研究筹展的具体问题。在甘肃和宁夏文物局的积极配合下，我们考察了甘肃省博物馆、固原博物馆和宁夏自治区博物馆，并与三个博物馆的专家就展览主题和出展文物进行了讨论和逐件文物的挑选。在两省博物馆同行的大力协助配合下，展品目录很快就确定下来，同时也得到克方的认可。展览的一切筹备工作都按原定的日程进行着。

也就是在这时，克罗地亚和塞尔维亚由于民族问题冲突不断，经常在新闻中看到冲突双方的过激行动，不断有人员的伤亡和建筑物被炸毁的报导。这对即将在克罗地亚要举办的中国文物展，不能不说是一种潜在的威胁。为此我们与我驻克罗地亚使馆联系，要求了解当地是否具备举办文物展的条件。使馆很快答复我们，认为双方的冲突主要地区远离萨格勒布，在萨市举办展览安全条件是具备的。但我们仍不放心，因为这个展览是由克罗地亚政府负责保险，如果发生战争冲突，在一些国家是属于"上帝行为"，即不可抗拒的，可以不赔偿，要是这样，展览就绝不能举办了。我们经请示领导，又约见了克罗地亚驻华使馆文化参赞巴克维奇，将我们的担忧明白无误告诉他，要求他将中方的忧虑转告国内，并要求克方对问题给予答复。

很快巴克维奇便转达了克罗地亚国内的答复，表示在萨格勒布举办文物展是安全的，政府给予绝对的安全保障。不过这都是口头的承诺，我们要求克罗地亚有关政府领导人签署正式信函给国家文物局。

克罗地亚文化部对此展十分重视，决定在克罗地亚政府文化代表团1996年访华时，由克罗地亚文化部部长亲自参加展览协议书的签订，并将对安全保证信函当面转交我局。

1996年3月克罗地亚政府文化代表团正式访华，代表团由文化部接待。代表团访华的重要任务之一，就是与国家文物局签订展览协议。所以代表团抵京后，其主要成员文化部对外联络司的一位女处长明斯卡娅和索里奇馆长就到国家文物局，向我们转交了由克罗地亚外交部长签名的安全保证信函，信中承诺：如果中国文物在克展出期间，发生如因战争造成的损坏和丢失，克罗地亚政府将赔偿一切损失。

有了克罗地亚政府的书面承诺，又有我驻克使馆的情况反映，我们就比较放心了。这样我与明斯卡娅处长和索里奇馆长便可以具体商定展览协议。

　　协议的商定是比较顺利的，因在此之前，协议的文本已经多次交换过意见，关键就是安全问题，而这个问题也已得到解决。

　　在克罗地亚政府文化代表团访华期间，在中国文化部部长刘忠德和克罗地亚文化部长的主持下，由中国国家文物局局长张德勤和克罗地亚萨格勒布博物馆馆长索里奇签署了赴克罗地亚"中国丝绸之路展"展览协议。

　　展览定于1996年9月6日在萨格勒布博物馆开幕，筹备工作紧锣密鼓地展开，甘肃和宁夏的文物也于8月20日前运抵北京。

1996年4月，在北京参加中克文化交流文物展签字仪式

　　两省文物运抵北京后，暂存在中国历史博物馆。我们考虑到甘肃、宁夏的情况，特别请历史博物馆保管部的专家协助检查文物的包装。结果一检查发现宁夏的文物包装极不规范，所用的包装材料也极其简陋，什么破报纸、破棉絮全都用上了，而且包装的囊匣也是有匣无囊，文物在囊匣中一点都没有固定，滚来滚去，这真是太危险了。中国历史博物馆保管部的几位包装专家，加班加点为这批不合格的囊匣重新改制，在囊匣中填充了棉花和海绵，文物得到了固定，真正起到保护文物的作用。同时也更换了不合格的外包装，这样使甘肃和宁夏的文物包装基本达到出国展览的标准。

展览如期在美丽的萨格勒布开幕，萨格勒布博物馆前竖起两米多高用玻璃钢仿制的甘肃武威东汉墓出土的"马踏飞燕"巨型雕塑，在蓝天白云、红色屋顶的衬托下，"马踏飞燕"似乎真是要腾飞在蓝天白云之间。雕塑四周的广场上插满了五色缤纷的彩旗，彩旗上印着"中国丝绸之路展"的文字和中国的文物图案。展厅内也布置得非常有中国的风格，到处挂满了从中国运来的彩灯和各种各样的工艺品，再加上展厅内琳琅满目、令人惊叹不已的中国文物，简直让人有置身于古代中国的感觉。文化部副部长艾青春率团出席了开幕活动，国家文物局和宁夏、甘肃文化厅也应邀组团参加了开幕式。克罗地亚文化部长发表了热情洋溢地讲话，盛赞中国文物展带给克罗地亚人民东方古老艺术的享受，盛赞中国政府对克罗地亚的友好情谊。

我身着月白色浅粉印花的旗袍，福态的卡洛林娜穿的是一款兰色中国锦缎的唐装，我们俩一高一矮、一胖一瘦在开幕式上十分抢眼，记者们纷纷将镜头对准了我们，我都觉得很是滑稽。代表团的其他同仁们也说我和卡洛林娜是今天晚上最上镜的明星。

1996 年 9 月，在克罗地亚萨格勒布文物展开幕式上与克罗地亚文化部部长合影

1996 年 9 月，在克罗地亚萨格勒布参加中国文物展开幕式与卡洛林娜等合影

1996 年 9 月，在萨格勒布博物馆前

1996 年 9 月，在萨格勒布与索里奇馆长在博物馆前合影

1996 年 9 月，在萨格勒布与卡洛林娜合影

展览受到克罗地亚观众的欢迎，每天都有上千观众来参观中国文物展，克罗地亚周边国家的文物爱好者也纷纷从各地专程来萨格勒布参观中国文物展。丝绸之路上出土的精美绝伦的文物让观众如痴如梦，使人有种时光倒流，亲身探索到两千多年前历史本来面目的感觉。通过这些珍贵的文物，也证明在两千多年前，中国就已走向世界。

一时间丝绸之路成为媒体和报刊争相报导的题目。博物馆也专门召开了学术研讨会，对中国的丝路文化给予极高的评价。展览通过实物的展示更

1996年9月，在克罗地亚参加"丝绸之路展"开幕式

加说明在两千多年前中国就与西方有了经贸和文化的频繁交流，正是这种交流促进了东西方文化和经济的发展。

由于展览十分成功，在广大观众和博物馆的一再要求下，我们又同意展览延期两个月。

1997年2月展览结束，文物运回北京后，在点交文物时，发现一件唐代三彩骆驼四条腿断裂，虽然这四条腿全都是从原修复粘接处断裂，但说明是在运输途中有震动造成的，我们查看了包装箱，发现主要原因还是包装不妥造成的，如果包装规范，是完全可以避免受损的。

虽然文物的损伤得到了合理的赔偿，但是这次展览因包装问题致使文物受损，说明我们的包装和运输环节上存在很大的问题，必须引起我们的高度重视，学习国外在文物包装运输上的先进技术，要制定可行的外展包装运输规定，最大限度的杜绝因包装造成文物的损失。为此我们就克罗地亚文物展文物受损事件专门发函，要求全国各博物馆在执行外展任务时，务必加强文物包装的具体管理工作。

同年在北京召开全国文物外事工作会议时，我们又专门请世界最著

名的珍贵艺术品包装运输公司之一日本日通公司，在会议上专门为与会的全国文物部门的各位领导和有关人员，做了一次现场文物包装表演。两位日本专家分别将两件有耳有角不规则的陶器做实例表演，他们先用绵纸、海绵层层的将每件陶器包裹起来，然后再分别装进量体裁衣定做的四周垫有海绵的木箱，陶器在木箱中严丝合缝一点都动不了，最后再放到同样垫有海绵的外包装箱，两个箱子也合成一体。这样的包装，就是遇到较大的震动也不会使文物破损。各地文物部门的领导和有关人员看完表演后，对包装工作有了新的认识，同时也认识到包装材料和技术上一定要改进，要投入，不然很难达到国际标准。

1998年我们又专门召开全国部分省市外展包装工作会议，参加的省市都是外展工作任务比较多或是在包装工作上问题比较突出的单位。

通过会议进一步强调外展包装工作的重要性，并且根据国内外的包装技术和材料对比，找出更适合国情和文物的技术、包装材料，委托中国文物交流中心制定专门的文物包装有关规定，强调包装工作的依法管理。

此后，全国外展包装工作由于各地领导重视，提高了包装技术、包装材料的质量，包装工作有了质的改变，过去那种用破报纸、烂棉花做填充物和包装材料的再没有了，各地都专门备配了搞包装的专业人员。

通过赴克罗地亚"中国丝绸之路展"文物受损事情，我们充分认识到文物安全是外展工作的头等大事，我们狠抓了全国的对外文物展览的展品包装工作，并取得了成效。近年来出国展览因文物包装，出现问题的事件基本消除了，这也从根本上为中国文物对外展览的长盛不衰提供了文物的安全保障。

挚爱与奉献

——我所参与的中国文物对外交流

"中国百件珍贵文物展"在耶路撒冷

2000年以色列耶路撒冷国家博物馆，通过我国驻以使馆正式向我局提出在耶市举办中国文物展览的请求。在这近十年来中，以色列也曾两次提出过举办中国文物展的要求，但因诸多因素，一直未能实现。

我驻以色列使馆非常重视在以举办中国文物展，认为有益于我国在中东地区的影响，有利于加强中以之间的友好关系。

而我们最担心的是文物的安全，巴以冲突中是否会殃及中国的文物。后经请示有关部门，与以色列举办方多次联络，并得到驻以色列使馆的坚决支持，我们在文物安全得到安全承诺的前题下，同意于2001年8月~12月在耶路撒冷举办"中国百件珍贵文物展"。

2001年8月初，我参加中国文物代表团应以方的邀请前往以色列参加中国文物展开幕典礼。代表团团长是国家文物局副局长郑欣淼、代表团其他成员有陕西省文物局局长张延皓、河南省文物局局长常俭传、中国历史博物馆书记谷长江、中国文物交流中心副主任杨阳和翻译陈淑杰。

孔子曰："危邦不入，乱邦不居。"而我们就是在巴以冲突日益激烈的时刻踏上了前往以色列的征程。我们乘坐的是以色列航空公司的飞机，提前三小时就要求我们抵达机场，接受以航严格的安检。

我们乘坐的LY096航班，正点起飞。飞行十小时抵达特拉维夫。然后再乘一个多小时的汽车总算到了耶路撒冷。夜幕中的耶路撒冷是那样的静谧，根本看不出一点和战争有关联的迹象。而就在我们飞往以色列的航行途中，特拉维夫又发生一起巴勒斯坦人体炸弹，当场炸死十几个以色列人。

我们下榻的旅馆叫Inbal Hotel，一进旅馆就看见大堂挂着一面五星红旗，大家顿时有一种十分亲切的感觉，这是以方专门为欢迎中国代表团而挂的。在房间里还为每位客人准备了鲜花和水果。

第二天上午，我们去博物馆看展览的陈列情况。耶路撒冷国家博物馆是耶市最重要的博物馆，馆舍依山而建，非常现代派，没有高大的展厅，基本格式都是地面一层和地下一层的建筑，但整个博物馆在二十多公顷范围内错落有致的分为几部分，有室外的雕塑园，有陈列镇馆之宝——死海文书的专门展厅，还有临时举办展览的展厅，可以举办大型活动的会议厅等。博物馆的重点陈列是犹太人的历史，由于犹太人长期没有自己的国家，文物不多，只采用大量的图片和文字展示着犹太人的历史。

犹太人的历史悠久，三千多年前就建起了耶路撒冷城，但耶路撒冷三千年来曾五十余次被其他民族占领瓜分过，所以一直没有成为独立的国家。以色列是1948年才成立的犹太人的国家，现有人口六百多万，全世界有犹太人一千四百多万。人们都说最聪明的民族就是中华民族和犹太民族，犹太人十分团结，虽然在狭缝中生存，但团结一致、自强不息，使自己的祖国逐步富强起来，成为中东最强大的国家之一。

晚上博物馆馆长詹姆斯特别在家里设宴欢迎中国代表团。馆长家离我们下榻的饭店只有几个街区，大家决定不乘车直接走过去。傍晚时分，天气已凉爽下来，我们在耶路撒冷的街道上走着，感觉不到任何战争的影响，街上行人很少，也十分安静，几乎听不到任何噪杂的声音，只有我们几个人的脚步和低声的交谈。詹姆斯馆长住的区域是富人区，一幢幢豪华的小洋楼在高大的树木和花丛的遮掩下，影影绰绰的一些灯光显得十分神秘。

来到馆长家，我们感受到了主人的热情好客，这天正好是星期五，是犹太人安息日的前一天，这天全家人都要聚在一起共进晚餐、吃烤鸡，所以馆长为我们准备了丰盛的烤鸡宴，除了香喷喷的烤鸡，还有羊肉、牛肉和新鲜的蔬菜。我们品尝着以色列的传统佳肴，喝着一种特别的饮料，边吃边聊，气氛十分亲切。詹姆斯馆长是生长在美国的犹太人，曾任纽约现代艺术博物馆的副馆长。五年前从美国回到自己的祖国，并担任耶路撒冷国家博物馆馆长。饭后馆长请我们参观了他的家，这是一座三层小楼，全部由石头砌成，楼房建于1926年，是典型的阿拉伯建筑。这可不是一座普通的住宅，在这里曾有好几位以色列的名人居住过，这些人里也包括以色列前总理铁腕女人梅厄夫人，可以说在这座小楼里，曾经见证和决策过以色列历史中的重大问题。

展览开幕式在八月十三日的晚上举行，以色列官方对展览十分重视，副总理兼外长佩雷斯和以色列文化部长、耶路撒冷市市长等政界名流，以方各界人士二千五百多人及我国驻以色列大使潘占林等参加了开

——我所参与的中国文物对外交流

幕活动。佩雷斯副总理发表了十分友好的讲话，他说："中、以友谊不是靠圣经，而是靠文化交流。"耶路撒冷市市长二战时生于中国，对中国有一种特别的感情，他在发言中说："中国展览在我们特别困难的时候举办，是对我们的支持。"开幕式上还特别邀请了中国京剧团和杂技

2000年，在耶路撒冷与以色列副总理佩雷斯在展览开幕式上

与佩雷斯摄于展览开幕式上

2000年，在以色列国家博物馆与馆长等合影

团现场表演，整个博物馆张灯结彩，甬道两旁支起了不少食肆摊位，请来的中国厨师正在现场为宾客们制作着地道的各式小吃。

今天真是耶路撒冷三千年以来第一次和中国这样亲近，第一次让以色列人看到了中国的珍贵文物，欣赏到了中国的京剧杂技，品尝到了中国的美味佳肴。

"中国百件珍贵文物展"件件文物都是那样的珍贵和动人心魄，中国古老文化艺术给以色列人带来的是无法用语言形容的亢奋，每个展柜前都挤得水泄不通，人们发出一声声的赞叹，人们互相在讨论着中国古代文明是怎样创造出如此辉煌的艺术，讨论着中国古代的科技对人类文明的贡献。博物馆门庭若市，平均每天接待三千名观众，这在耶路撒冷国家博物馆是从来没有过的盛况。馆长詹姆斯高兴得不得了，一再地感谢中国政府将这样珍贵的文物送到耶路撒冷，一再希望加强和中国文物、博物馆界的进一步合作和交流。

展览开幕后，我们开始了在以色列的考察活动。博物馆专门为我们请了一位来自台湾的张先生作导游。张先生是一位虔诚的基督徒，在耶城已经居住了十余年，对这座圣城的一草一木都很熟悉。我们的参观就从耶路撒冷开始，耶路撒冷建城已有三千多年，是世界三大宗教圣地之一，这座城市曾多次被不同民族和信仰的国家占领，屡屡被毁，屡屡重建，城里留下很多文物古迹和不同宗教的建筑物，既有犹太人的教堂又有伊斯兰的清真寺，而且是那样的密集，有的地方竟是互相叠压在一起，这恐怕在世界其他城市是很难看到的。耶路撒冷留下的耶稣圣迹更是基督教徒朝拜的圣地。我们在张先生的导引下参观了耶稣被犹大出卖的地方、耶稣背着十字架走过的十站苦路、最后被钉在十字架的现场及耶稣被从十字架上抬下来躺过的石板等。凡是耶稣的遗迹处处都有很多虔诚的信徒在凭吊。

在耶稣生活过的那萨勒城，我们还参观了圣母玛利亚当年居住过的石室，在石室上面现在已盖起中东最大的教堂——报喜教堂。在加利利地区，我们参观了"饼之奇迹教堂"，这里曾是耶稣用五个饼两条鱼救助民众的地方。每到一个地方，张先生都会拿出圣经给我们念一段与此有关的内容，说真的，我是第一次听人这样虔诚地讲解圣经。在路上我们碰到另一队来自台湾的参观者，那位女导游同张先生打招呼时问："都是信徒吧？"我马上回答说："快了，正在学习着呢。"

我们还去距耶路撒冷一百多公里外的古罗马遗址恺撒里亚参观，这里在两千多年前曾被罗马人占领，罗马人建立了恺撒里亚城，这座城市位于地中海沿岸，当年是兵家争夺的军事要塞。两千年前恺撒里亚十分繁荣，现在只留下当年的高大宫殿的柱基和一些断壁残垣，阵阵海风吹过，给人一种深深的历史沧桑感。

我们在去死海途中参观了一个叫MASADA的地方，这是一座寸草不生的石头山，很是陡峭，真有"一夫当关，万夫莫开"之险。在罗马人占领期间，这里成了犹太人把守的最后一个阵地。他们顽强抵抗，罗马人久攻不下，一直攻打了三年才将MASADA占领。入侵者却在山顶上发现，把守这里的九百六十名犹太人全部自杀了，只留下两个活着的妇女和五个儿童，这使当年的罗马军团不得不为犹太人宁死不屈的精神所动。MASADA现在成为以色列爱国主义教育基地，每个参军的年轻人都会到这里来凭吊英雄，学习他们崇高的爱国气节。

在死海，我们领教了海拔400米以下含盐量达25%的海洋的浮力。在死海游泳，你不用担心会淹死，压根儿你就是想沉都沉不下去，就好像躺在床上游泳一样。但是头千万不能入水，否则双眼马上就会被盐海水蛰着，疼得你不能忍受，眼睛也睁不开了，这时必须在同伴的搀扶下上岸用清水冲洗，岸上有服务员专门拎着大水壶给"遇难"的游客冲洗眼睛。

死海里的黑泥是世界一绝，据说因富含矿物质对皮肤有滋养功能，所以死海周围挤满了出售用死海黑泥提炼的各种护肤用品的商店，价钱不菲，生意还挺兴隆，几乎到死海游览的人都会买一些回去馈赠亲友。而到死海游泳的每个人都会用这奇妙的黑如墨汁的泥巴将全身糊起来，我们几个也都纷纷效仿。

在以色列停留的最后一天，我们参观了大屠杀纪念馆。大屠杀纪念馆也在耶路撒冷，是为纪念第二次世界大战时遇难的六百万犹太人的场所。我们被犹太民族骇人听闻的遭遇，深深地震撼了，那张张被德国法西斯残暴杀害的犹太人照片令人发指，那些在集中营中枯瘦如柴的犹太人眼中求生的目光使人不忍目睹。尤其在纪念被杀害的150万犹太儿童的展馆中，天花板上垂下无数像一滴滴眼泪一样的小灯泡，在昏暗的灯光中，讲解员用低沉的声调念着每一个被害儿童的名字和年龄，看着那些当年天真、可爱的孩子们的照片和他们曾经玩过的布娃娃、小木马和一本本残破的书，仿佛看到一个个幼小的生命被纳粹屠刀杀戮的景象，难忍的悲楚使我不能自制，眼泪夺眶而出。

陪同我们参观的耶路撒冷国家博物馆展览部主任丽贝卡女士也向我们述说了自己的亲身经历。二战时丽贝卡只有四五岁，她和父母生活在荷兰，当时荷兰也在迫害犹太人。父母为了保护丽贝卡不被纳粹分子抢走送去德国，就冒着生命危险把她送到一户愿意收养犹太孩子的荷兰人家里。把她送走后，父母就被抓起来送到集中营。在那户荷兰人家，丽贝卡为了躲避纳粹分子的迫害只能改名换姓，好在这家人十分同情丽贝卡，所以她没有受什么罪，但是对自己父母的思念，对纳粹的恐怖，丽贝卡一天都没有忘怀过。五年后，二战结束了，她再见到母亲时，才知道父亲已经在集中营死去了。丽贝卡说她是非常幸运的孩子，战后还能找到亲人，很多被送走的孩子都再也见不到自己的父母了。丽贝卡女士说虽然那时自己还很小，但儿时这段刻骨铭心的经历使她不能忘却，在很长的一段时间内像恶梦般追随着她，使丽贝卡沉压在痛苦中不能自拔。60年代丽贝卡大学毕业后，再也不能忍受没有祖国的痛苦，像生活在世界各地的犹太人一样，从荷兰回到了自己的祖国——以色列。

中国是二战时期少数收留犹太人的国家，中国人民在犹太人最危急的时刻对他们的救助，以色列人民是永志不忘的。当时有很多犹太人从

挚爱与奉献

——我所参与的中国文物对外交流

欧洲经过千难万险，万里迢迢来到中国，在上海定居下来。中国人以博大的胸怀接纳了这些饱受苦难无家可归的犹太人，和他们和睦相处，据说当年在上海定居的犹太人有两万多。当时国民党政府驻奥地利使馆的姓刘的领事，为了拯救那些被迫害的犹太人，不顾个人的安危为一千多名犹太人签发了去中国的签证，使这一千多名犹太人逃离了纳粹的魔爪，得以生存。不久前，以色列政府将这位可尊可敬的刘领事尊为义士，称他为中国的辛德勒。

在以色列的访问很快就结束了，我们又搭乘以色列航空公司的飞机返回了祖国，这次出访以色列更使我感到祖国的伟大，我真正体会到一个民族如果没有国家，就会被人欺辱，任人宰割，不管你这个民族多么聪明、多么优秀，也不管你能创造多少财富。没有祖国就没有根基，没有强大的祖国就没有民族的尊严和民族的生存权力。

"中国百件珍贵文物展"在耶路撒冷取得巨大成功，观众如织。虽然巴以冲突不断，但展览始终红火得厉害，中国的艺术魅力使人忘却了人体炸弹的恐惧，中国古老文明的辉煌使耶路撒冷也增添了光辉。馆长詹姆斯正式致函，要求将展览再延长三个月。这次我们没有同意，看着巴以冲突的不断升级，文物的安全是我们最担心的，只盼着展览平安圆满的结束，早点将文物撤回来。

2002年1月文物安全运抵北京，中以两国专家对每件文物进行了点交，双方确认百件文物没有任何损伤。我们高悬的心终于放下来了。

世界四大文明——中国文明展在日本

1998年日本广播协会NHK致函国家文物局，要求在2000年在日本举办的世界四大文明展中有中国文明的展出。日本广播协会是日本最大媒体，也是世界有影响的新闻媒体，长期以来能够较客观地报道中国的情况并与我国文物部门有着较好的合作关系，NHK曾拍摄制作过多个有影响的反映中国历史文化的大型电视系列片，如"黄河"、"长江"、"中华文明五千年"等。不仅如此，还曾多次举办过来自中国的文物展览。这次NHK要在千禧年举办来自埃及、美索不达米亚、印度和中国的世界四大文明展，就是要向日本民众展示人类文明起源和发展的四大发祥地。国家文物局同意了日方的要求，决定参加世界四大文明——中国文明的展出。

1999年元月我和中国文物交流中心副主任杨阳应日本NHK的邀请赴东京，与日方就展览的内容和主题进行研讨。日方为这次展览特别聘请了日本中国历史专家鹤间教授作为展览的顾问。我们的研讨也就是针对由鹤间等日本专家提出的展览主题和内容而展开。

鹤间先生专攻中国的秦汉史，所以他所拟定的展览主题和内容也都是围绕着秦汉时期的文物，例如他对东汉画像砖特别欣赏，所以在他的目录中汉画像砖就挑了四十多块。

我们对鹤间的方案是不同意的，认为这次不是秦汉文明展，也不是汉画像砖展而是中国文明展，如果照日方的方案，势必使中国文明失去了很多重要的时期和内容，好像中国文明只存在秦汉两代。我和杨阳就此向日方提出了我们的不同意见。鹤间教授本人也不得不承认自己的方案有缺陷，但他也很诚恳的表示，由于自己研究的范围有限，对中国其他历史时期的文物了解不多，所以就以秦汉的为主了。我们提出中国的展览还是应该由我们中国的专家来提方案，先由中国的学者来确定主题和内容，然后双方再共同讨论，毕竟展览是双方共同主办的。日方接受了我们的意见，双方约定在五月份，中方将展览方案提交日方。

在日本期间，我们对其他三个文明的展览情况进行了了解：埃及文明展由埃及最高文物委员会主办，印度文明展由印度文化部和巴基斯坦文化部共同主办，美索不达米亚文明展由于两伊的现实情况，日方无法与伊拉克和伊朗进行谈判，改由法国卢浮宫主办。应该说各个文明展的

——我所参与的中国文物对外交流

主办方都非常重视这次在日本的展出，纷纷表示要提供重量级的文物参展，埃及展中不仅有大的法老石刻像还有法老的金面具，美索不达米亚的展览中还将有世界最早出现的法规——巴比伦汉摩拉比法典石刻，这些都是人类文明史上最著名、最有影响的文物啊。我们也向日方提出希望尽早看到其他三个文明展的展品目录，以供中方参考。

回到北京后，我们马上向局领导进行了汇报，并召开了专家小组会议。展览专家小组的成员有：宿白教授、徐苹芳教授、张忠培教授、黄景略研究员、俞伟超教授、朱凤瀚教授、孙机研究员、杨泓研究员，可以说是目前在文物考古界最负盛名、也是最顶尖的一个专家组。在会上我们介绍了世界四大文明展的情况，也介绍了日方原来的方案及我们的想法，希望专家们对中国文明展应该如何筹备提出意见。经过讨论，专家们一致认为，世界四大文明一齐在日本展出，中国文明展不逊色于其他文明，应该介绍中国文明的起源和发展及源远流长、延绵不断的历史，应该拿出一些有中国特色而其他文明没有的文物参加展览，例如青铜器和玉器是中国文明中比较有特色的文物，可以作为参展的重要组成部分。通过展览较全面地显示中国文明在世界文明史中的地位和影响。专家们的精辟见解和切中要害的提示，给了我们极大的帮助。根据会议对展览主题的确定，在专家组的具体指导下，我们草拟出了中国文明展的参展方案。展览方案分为六个部分：从新石器时代开始，展示了早期精美的陶器、玉器，预示着中华文明的起源；在夏、商、周时代以硕大神秘的青铜礼器和甲骨文的出现，说明中国进入了文明时代；春秋战国时期展示的是各个诸侯国异彩纷呈的青铜文化和高超的金属铸造技术，表明着中国文明逐步进入成熟期；中国第一个统一的王朝秦代，展出了所向披靡，威武雄壮的兵马俑群，而汉代令人叹为观止的金缕玉衣和色泽艳丽的漆木器使人了解到高度发展的封建文化，魏晋南北朝是中国文明吐故纳新、兼收并蓄的时代，使中国文明得到多元一体的发展，那一尊尊优雅睿智、美轮美奂的山东青州石刻佛造像，正是南北朝不可多得的艺术精品；隋唐时代金碧辉煌的金银器、多姿多彩的唐墓壁画，都说明中国文明步入灿烂恢弘的时代，成为世界上最强大的帝国。可以说这个方案是比较全面的反映了中国文明的发生、发展和走向辉煌的过程，也极大限度的颂扬了中国文明在世界文明中的重要贡献和重要地位。通过挑选艺术性极高的各个时代有代表性的文物，也使展览更为拓宽，在中国文明发展过程的展示中，增加了中国古代艺术史的精萃内容，为其他文明展所不及。

五月我们的展览方案提交日本NHK，日本对中方的提案表示十分满意，认为中国的展览比其他三个文明的展览主题更明确，文物又是高水准，他们基本没有意见。但是考虑到日本人民对中国古代文明的热爱和熟悉，尤其对中国唐代更是情有独钟，所以特别要求能否提供几幅唐代的壁画出展，以便于日本人民从唐代壁画中更深入的了解唐代的文化内涵。同时日方觉得埃及和美索不达米亚的文物中很多都是第一次亮相日本，必然会引起轰动。近二十年来几乎每年在日本都举办中国文物展，虽然这次的规模和品级不是已办过的中国文物展可比拟的，但很多文物都在不同的展览、不同的时间和不同的城市中在日本亮过相，如果中国文明展中没有特别的展品就很难和其他几个文明抗衡，这的确是事实。但壁画我们从未在国外展出过，主要考虑的是壁画的安全，因为壁画本身就是在壁上涂抹簿簿的麦草泥层再刷上白粉便在上面作画，质地极其脆弱。博物馆从墓葬中揭取下来，已是非常不容易了。虽然陕西唐墓中出土了数量不少的壁画，而且很多国家都提过壁画出展的要求，考虑到其质地的特殊性，我们一直没有同意。这次日方又提出了壁画出展的要求，经过局领导和有关司室及专家组的研究，认为可在保证安全的前提下，征求陕西意见。陕西对赴日展十分支持，提到陕西唐代壁画数量多，揭取的技术也日臻成熟，90年代揭取的唐墓壁画采取了新的加固材料和技术，壁画的安全系数是大大提高了，只要运输有保障，壁画是可以出展的。

为此，我们通知日方，要求他们提供切实可行的安全运输方案，如果日方的运输安全能做到万无一失，我们同意唐壁画出展。NHK高兴得不得了，马上与日本最大的文物运输公司——日本通运公司进行研究，要求通运公司拿出壁画运输方案。日本通运抓紧着手设计工作，他们根据壁画的质地特点，参照运送不能有半点移动的精密仪表、不能有任何颠簸的炸弹的运送方式，制订了一个三米见方的大木箱，将壁画被悬空包装，四周有弹簧悬拉着，由仪器和齿轮控制和保持着壁画的水平面。这个大箱子运到陕西后，陕西先用复制的壁画作实验，在壁画上放上宣纸，经过上下搬动，再用车拉后，看看宣纸上有没有壁画落的粉末，一开始时有不少粉末落下来，经过改进再实验，宣纸上的粉末少了些，再改进再实验，几个反复，直到宣纸上没有留下任何粉末。日方的运输方案通过了陕西省文物部门的检验，陕西文物部门特致函我局表示同意唐壁画出展。

　　但为了安全起见，我们没有同意日方所选大幅著名的唐壁画如"客使图"等精典作品展出，改选了三幅体量比较小，状况比较好的唐壁画加入出展的目录中。唐壁画要有专人护送，直接由西安飞东京。我们要求陕西认真做好运输和人员的点交工作，其他文物则集中到北京后运日本，为展出这三幅壁画，日方多花了25万美金。

　　展品目录敲定后，紧张有序的筹展工作全面展开，中国文物交流中心承担起了全部的展前准备工作，从十二个省调集文物、为图录拍照、撰写文物说明、为文物做好展前的保养、修复等等。北京大学著名教授宿白先生和徐苹芳先生还为展览专门写了介绍中国文明的序言。

　　2000年8月初，世界四大文明展在东京正式开幕，总开幕式在日本NHK总部举行，埃及文体部副部长、印度文化部部长、巴基斯坦文化部部长、法国卢浮宫博物馆馆长和中国国家文物局局长分别率团参加了开幕活动。四个文明展分别在东京和周边四个不同的博物馆展出，中国文明展在横滨市立博物馆展出。

　　世界四大文明展在日本举办，为日本人民了解来自四大文明古国的文化艺术提供了最好的学习机会，日本大中小学都专门组织参观，各界人士反响也很热烈，再加上日本NHK得天独厚的媒体宣传强大攻势，电视上每天都有专题报导，报刊上更是开辟了大篇幅的专栏介绍四个文明古国的历史文化，展览的影响深入到各行各业、各个角落。在埃及文明展中古埃及21王朝金碧辉煌的法老金面具、在美索不达米亚文明展中公元前18世纪汉摩拉比王的玄武石法典碑、中国文明展中神秘的青铜器和唐代壁画是各个展场的热点，虽然八月的东京热浪滚滚，但观众参观展览的热情更高，在四十多度的高温下，每个展馆前从早到晚都排着长长的队伍，等待着参观展览。为了使展馆内观众能更好地参观，埃及展馆和中国展馆都规定每半小时放进一批观众，就是采取了限制人数的做法，但在法老金面具和唐代壁画前还是挤得水泄不通。

　　中国文明展留给观众的是恢弘的气势、精湛的艺术和中国文明内在的魅力，虽然展馆远离东京，但在三个月的展期中参观人数突破40万，很多观众都是参观几次，把中国展看成学习欣赏中国古代文化艺术的绝好课堂。日本NHK通过民意测验，中国展被评为世界四大文明展中内容最丰富，文物最精美，最受观众欢迎的展览。

鉴于世界四大文明展的学术价值和重要性，为了能使我们文物博物馆界的更多同仁有机会了解其他三个文明古国的文化艺术，我们参照国际上其他国家随展的有关做法，在文物安全得到保障的前提下，调整了原来的随展计划，由全程随展改为布展和撤展工作小组。这样日方可以节省六百余万日元。由于协议早已签订，这笔费用已列入日方的展览预算，我们就和日方商量，用随展人员结余的费用组织中国文物博物馆界专业人员来东京参观展览。由于这次中日双方合作的十分愉快，而且也不用日方额外付费用，日方何乐而不为，欣然同意了中方的建议。

这样我们就利用这笔费用，组织了十二个参展省的四十六位同仁，分四批到东京参观四大文明展。这也是中国文物界利用展览，第一次组织的人数最多、涉及省份最广的专业考察组到国外参观学习外国文物展览。

这四批考察展览对从事文物工作的各省的同仁们的确是一次难得的机会，有的同志长年在基层工作，从未踏出过国门，有的同志虽然出过国，但却没有机会去埃及、印度或是两河流域实地考察当地的文物古迹。这次四大文明展将几个文明古国的精萃集中在日本展出，使他们有机会亲眼见到那些曾经在教科书上得知的世界著名的经典文物。这真是个千载难逢的学习机会，大家认认真真地参观学习，不同地域、不同文明的每一件文物都使他们陷入深深的思考，他们互相讨论着、与自己国家的文明对比着，从中得到新的启迪。同时也从各个展览的设计方式、陈列手段和辅助展品，对展览的烘托、主题及利用先进的视听技术强化效果等的做法，都在思想上受到了极大的冲击，每个同志都认为这次考察受益匪浅，使他们开阔了眼界，了解和认识了其他文明的文化和艺术，学习到了国外先进的办展方式和方法，对今后更好地开展国内的文物博物馆工作是极有借鉴和帮助的。

通过在日本举办的世界四大文明展，我们也受到了很大的启发，从上世纪70年代开始，中华文明走向世界，30年来在世界上为中华文明的传播和弘扬做了很大贡献，并通过展览沟通了中国与各国人民之间的了解和友谊。但随着中国的发展和国力的增强，中国人民希望了解世界文化艺术的要求愈来愈强烈，难道我们不应该考虑一下引进和举办世界文明系列展，使我们的国人也像发达国家的人民一样，不出国门就可以欣赏到异域高水准的文物展出，这一天一定会到来，举办国外的文物展览应该安排到我们的工作日程中了。

秦兵马俑挺进桑巴的故乡

中国秦始皇陵陪葬坑出土的秦兵马俑，是中国最具盛名的文化使者，自上世纪80年代初第一次走出国门后，一发不可收拾。挟世界第八奇迹的东风，秦兵马俑二十多年来在世界上二十多个国家近百个城市展出过。秦始皇兵马俑展每到一地，必然在当地引起轰动，掀起"中国热"。秦兵马俑已成为世界了解中国，中国走向世界的友好见证。

2000年秦兵马俑在墨西哥首次展出，南美洲的很多文化界人士也纷纷到墨西哥参观展览。秦兵马俑以其独特的魅力深深地打动了来自南半球的人们，获得巨大成功。

2001年11月巴西文化遗产部遗产司司长访华时，特别向国家文物局提出希望在巴西展出中国的文物包括秦兵马俑。巴方已向文化部提出，希望将中国文物展览能列入中巴两国文化交流计划中，中方将要负担展览的全部费用。当时我就向这位司长表示，去巴西展出中国文物我们是同意的，但文物展因有其特殊性，在以往的双边政府文化协议中从未列入过，如一定要列入计划也可以，但费用由双方另行商定。

由于文物展不同于普通的文化交流，文物的安全是第一位的，如列入政府交流计划，按照对等的原则，中方不仅要自己支付高额的保险和运输费，而对方由于不用负责保险，在安全方面也没有责任和压力。所以从文物安全角度考虑，从上世纪80年代初以来，中国文物展再没有列入政府文化交流计划，即使列入，展览条件也是由双方另行商定。外办将巴西的意见和我们的看法向局领导进行了汇报，局里同意外办的意见，并要求我们也将此情况向文化部通报。

文化部经研究同意了我局的意见，展览虽然列入中巴政府文化交流计划，但展览条件要由双方另行商定。文化部提出考虑到第一次到南美举办展览，希望我们在展览条件上给予一定的照顾。

2002年元月，巴西文化部派员专程来京与我局洽商赴巴举办中国文物展的事宜。巴西文化部的官员叫爱莲娜，是一位很谦和的女士，另一位是举办单位巴西友好基金会的代表埃米里耶，这位先生很风趣又很专业，据介绍已经在巴西举办过若干个国外的展览。巴方代表将他们对举办中国展览的构想向我们进行陈述：展览由巴西友好基金会承办，由巴西政府支持。拟在巴西圣保罗和里约热内卢两地展出，在圣保罗的展地面积是一万平方米，希望同时办两个中国展，一个是以兵马俑为主也涉及到中华文明其他文物的展览，另一个展览是故宫的文物展。圣保罗的展览开幕日期暂定为2002年9月。展费、运输费、保险费均由中方负担，巴方只负担人员往来的费用。

我表示在巴西举办中国文物展是中国第一次到南美举办展览，中国政府是支持的，我们也会根据巴方的要求组织好展览，但考虑到中国文物展的特殊性，为保证安全，巴方必须承担文物的运输、保险和人员往来的费用，这也是中国文物展在世界各国举办的惯例，对巴西也应是适用的，在展费上我们可以优惠。

巴西方面又提出明年将有巴西文物来华的展出，按对等规则中国也要支付上述费用。我回答文物展不搞交换展，你们可以和文化部搞现代艺术的交换展，这和我们的展览没有关系。巴方看我这没商量的余地，只好说按我们的要求请示基金会。

由于巴西是第一次搞中国文物展，所以面对如此珍贵的中国文物到底怎样举办成功，他们十分紧张，对中国文物展应如何陈列，如何保障安全，也全不清楚。巴西友好基金会特致函邀请中方派团赴巴西，第一考察展地，第二确认展品目录，第三签订展览意向书。

经局里研究，决定派我、陕西文物局局长张廷皓和外办翻译朱晔，三月应邀赴巴西商谈陕西展览事宜并考察展览场地。故宫赴巴西展事由故宫博物院与巴西方面直接沟通。

三月九日我们经纽约赴巴西，从纽约到圣保罗的飞行时间是九个半小时，晚上十点离开纽约，次日早上七点半抵达圣保罗机场。在机场入关花了两个半小时，这在其他国家是少见的，可能这就是桑巴故乡的风格吧。

圣保罗是南美最大的城市，人口1600万。南半球的三月正是秋天，天气不热，二十多度的温度很是舒服。我们下榻的饭店位于高档住宅区，周围尽是高档的商店。爱莲娜请我们在巴西风味的餐厅吃的午饭，巴西的菜肴味道比较重，适合中国人的口味，尤其是由各种热带水果，榨制的饮料更是可口之极，我们几个都没少吃。

十日上午我们来到展览场地，展场就设在公园的一个圆形建筑物内——奥卡展览中心，这里曾举办过多次大型展览，我们去时刚结束一个

2001 年 3 月，在巴西利亚与巴西文化部部长见面

展览，正在撤展。展厅面积很大，分为四层，举办中国文物展时，兵马俑和故宫的展品各占一层。由于建筑物是球形的，只有一个门，没有窗子，安全比较有保障。

下午开始谈展品目录和展览条件。这次我们准备的参展文物是由陕西提供的，除兵马俑外还有商周到战国的青铜器、汉唐的陶器、金银器、宋代的砖雕和瓷器直至明清的绘画和工艺品等。我和张廷皓局长根据展厅的情况和巴西是第一次搞中国文物展，需要贴近观众欣赏的心态，认为观众初次接触中国文物，追求的是异域不同文明和文化艺术在视觉上的冲击，而不是学术上的研究，展览应重视雅俗共赏。为此我们将一些比较珍贵的青铜器和体量较小的金银器调整下来，保留了大件品相好，便于观众接受的文物，展览的总体水平还是很高的。巴西方面没有研究中国文物的专家，他们考虑的也主要是文物是否受观众欢迎，而对其学术上的价值也没有太多的要求。我们提供的展品目录巴西方面非常高兴，他们认为只要有兵马俑，展览就成功了。

接下来在展览条件的谈判上，由于巴方已经知道我们在运输、保险费问题上没有商量余地，也就不再纠缠，十分痛快的答应负责展品的运输、保险和人员往来费用。

本来嘛，为什么我们要自己花钱把文物运到南美，让人均收入比我们高的巴西人看，展览收入还归他们。我们不但一分钱没收，而且还要自己买保险，自己负责运输。在这点上我是不赞同的，也许我不懂文化交流就是要不顾国家的实力去发扬国际主义精神。我只知道在对外交流中，中国人要有尊严，中国文物要有尊严，合理的有偿展览并不丢人，这也是符合国际交流规则的。

我们同时也根据巴西方面完全没有了解中国文物专家的现实，将随展人员在巴西的工作改为全程随展，也就是从文物入境直至文物出境全部由中国随展人员参与监督，这样可以确保文物在布、撤展和展览期间出现任何问题，都可以及时得到解决。巴西方面完全同意了我们的意见。展览预定于十月二十九日在圣保罗开幕，展出三个月后赴里约热内卢展出。

双方认可了展览的有关条件和展品目录，我代表中华文物交流协会，张廷皓局长代表展览承办方和巴西友好基金会主席签署了"永恒的中国——华夏五千年文明展"意向书。

第二天，我们离开圣保罗飞往展览的第二站里约热内卢。真没想到里约热内卢是那么漂亮的一个城市，城市非常现代化，到处是高楼大厦，蓝天白云，沙滩海水，整个城市就像一座大海滨浴场。马路边就是海滩，似乎有一大半人都身着泳装在车水马龙和海滩中穿行。绿色的热带植物和争奇斗艳的鲜花点缀着城市的每个角落，熙熙攘攘的大街上到处是卖冷饮和五颜六色的水果摊，似乎所有的人生活得是那样的悠闲。但陪同我们的埃米里耶告诉我们，其实巴西的两极分化很严重，富人生活的很富裕，而穷人真是很贫困。他指着远处山上说：那里就是穷人住的地方，穷人的生活是很艰难的，他们几乎什么都没有，好在巴西天气炎热，一年四季都有果实，穷人们可以赖以生存。

第二天我们去参观了中国展览的里约热内卢展地——皇宫博物馆。这座皇宫是18世纪建造的，当年葡萄牙国王为逃避拿破仑的追杀，被迫逃到巴西，皇宫就是当时葡萄牙国王的住所。1888年巴西废除奴隶制的文件也是在这里由葡萄牙的公主签署的。博物馆因是皇宫改的，所以每个展厅都不大，我们和馆长讨论了中国大件文物如兵马俑的布陈和展出时观众的疏导问题。看看博物馆的基本陈列和一个德国的版画特展，真不敢恭维。相信我们的兵马俑一定会受到万人空巷的欢迎。

当日下午我们离开里约热内卢飞抵巴西的首都——巴西利亚。巴西利亚是20世纪60年代新建的城市，现在是巴西的政治中心。说真的整座城市没有什么特色，倒是一座现代派的教堂很是与众不同，完全不受传统的任何约束，标新立异，据说名气还很大。但在教堂内感觉不到西方大教堂中那种宗教的威慑力和神秘感，似乎更像一座挂着耶稣像的现代派歌剧院。

由于巴西政府对这次即将举办的中国文物展十分重视，我们到巴西利亚就是应巴方的安排专程拜会政府部门。下午巴西外交部副部长专门接见了我们，副部长先生向我们表示欢迎，并感谢中国政府将这样好的展览送到巴西来。紧接着我们又到巴西文化部，巴西文化部部长接见我们时，也表达了巴西文化部对举办中国文物展的重视和对中国政府的感激，并希望加强巴西和中国在文化方面的交流和合作。中国驻巴西大使馆文化参赞王振茂参加了接见。从文化部出来，王参赞说："你们这个代表团的规格真够高的，两个巴西部长接见，这在以往的代表团中是没有的。"我说："这是因为中国文物的魅力太大，是兵马俑的规格高。"

我们真是打一枪，换一地，当天晚上又飞到MANAUS。MANAUS就位于亚马逊河边上，是19世纪世界上最早出产橡胶的地方。由于橡胶的需求量十分大，世界各地的财富滚滚流入MANAUS，当地的农场主们靠橡胶的收入过着奢华的生活。而当美国人把这里的橡胶树苗偷运到和亚马逊气候相似的印度尼西亚，并在当地栽种成功后，世界上很多国家都可以生产橡胶了。这里再不是唯一生产橡胶的地方，从此后MANAUS开始衰败。

但在20世纪60年代，浩瀚的亚马逊河和神秘的热带雨林又使这里再度繁荣起来，MANAUS成为了著名的旅游胜地。

第二天早上，品尝过一顿美美的热带早餐后，我们登上了一个小快艇，在亚马逊河上驰骋，真是好不得意。但好景不长，我们的快艇刚走了一半路，一声巨响马达再也不转了。我们只好在亚马逊河上漂浮着等待着救援。同行的埃米里耶告诉我们在亚马逊河盛产食人鱼，当地的牧民如果要赶着牛群过河，一定要先杀一头，把它扔入水中，其他牛则从另一边渡河。被杀牛的血马上就吸引来成千上万的食人鱼。食人鱼并不大，但牙齿锋利，半小时后，一头健壮的牛就只剩下骨头了。张廷皓听完后说："救援船再不来，咱们只好游泳到岸边，游到左岸，还能剩半副骨架，如果游到右岸，肯定剩的是一副完整的骨架了。说得我和朱晔毛骨悚然。救援船终于到了，我们又换了个船继续前进。在亚马逊河上乘舟而行真是感觉不错，两岸都是茂密的森林，清新的空气沁人心脾。亚马逊河的河面最宽处达八公里，水流湍急，水量充沛，水是咖啡色的，据说是热带雨林中大量的腐烂的树叶所致，但没有细菌，完全可以饮用，我还真喝了一口，倒是没什么味道。

快艇进入热带雨林后，到处鸟啼声不绝于耳，处处奇花异草，不时看到各种猴子在树林里窜上蹦下，偶尔还可以看到懒洋洋的鳄鱼一动不动地浮在水面上，一只眼睛睁着一只眼睛闭着，监视着有没有猎物出现。我们手中的相机不停的在拍摄着，生怕把这人间美景错过了，我想圣经中的伊甸园也不过如此吧！

这片占世界雨林五分之一的土地在西方人到来之前是印地安人的家园，18世纪后才被白人占领。白人来到这里后，大肆的砍伐森林，建造起一座座水泥建筑。旅游业的发展使这里的生态平衡受到极大的破坏，热带雨林已经在逐年的缩小。如果人们再不重视生态的保护，这片人间天堂将不复存在。

在MANAUS市我们还参观了1851年建造的歌剧院，当时正值MANAUS的鼎盛时期，农场主们为了过上欧洲上层社会的生活，经常把意大利歌剧院用船接到这里，演出几场后再送回欧洲。剧院建造的十分考究，全部石材都是由欧洲运来的，置身在这座剧院里，就好像在欧洲某个国家的歌剧院中。我们参观时当地的乐队正在排练，别看在这小小的MANAUS，乐队的水平相当高，其中95%的乐手都来自东欧国家。

从巴西回国后，我们积极开始根据意向书的约定进行展览的筹备工作。 2002年5月，协议书正式签署。

由于巴西经济在2002年下半年出现较大的问题，巴西国内政治局势趋于动荡。我们正在担心展览还能不能举办时，巴西驻华大使专门拜访国家文物局，再次重申巴西政府对在巴西举办中国文物展的高度重视，将这次中国文物展作为巴中文化交流的重中之重。大使特别提出鉴于巴西大选在即，展览的开幕时间将推迟到政府大选后即2003年2月，这个时间也正好是圣保罗建城450周年，展览的开幕活动将由新当选的巴西总统来主持。

2003年2月初，陕西和故宫的文物运抵巴西圣保罗，从这一刻起，巴西媒体就开始追踪报导中国文物展的一切消息。在巴西举办中国文物展的确在圣保罗引起了极大的轰动，中国古老而悠久的历史和当代生机勃勃的发展都同样吸引着巴西人的关注，一时间不管是报纸、电视还是广播，对中国文物展、对中国高速发展的经济报导不绝于耳。开幕前三天的大型新闻发布会更是使媒体的宣传达到了一个新的高潮。圣保罗乃至全巴西的重要媒体云集展场，展览中珍贵的中国文物使这些记者们大饱眼福，中国五千年创造的灿烂文明更是给记者们留下了深刻的印象。随着各大报纸和电视的专题报导，中国文物展在开幕前已是家喻户晓，全圣保罗的人都在翘首以待中国文物展的开幕。

2月20日陕西赴巴西"永恒的中国——华夏五千年文明展"、故宫博物院赴巴西"东方至尊——故宫的宝藏"正式在圣保罗开幕。巴西新任总统卢拉、巴西文化部部长、圣保罗州州长、圣保罗市市长、中国驻巴西大使及圣保罗市各界名流300余人及专程来参加中国文物展开展典礼的文化部副部长、故宫博物院院长郑欣淼、国家文物局副局长董保华等也参加了开幕活动。开幕式上巴西新任总统卢拉在致辞中盛赞中国文物展是中巴文化交流中的盛举，期望通过展览进一步促进巴中友谊和发展。郑欣淼团长也发表了热情洋溢的讲话。

在奥卡展览中心举办的中国文物展占满了上下四层，第一、二层以黑灰色为基调，衬托出五千年黄河文明深厚的底蕴和凝重的内涵。站在

巴西总统卢拉在中国文物展开幕式上

一件件书写着厚重历史的文物前，观众们仿佛在穿越时空去探索比巴西历史更古老的异域文明，那是一种令人兴奋、令时光倒流、亲手触摸历史的参观。新石器时代的彩陶预示着人类从荒蛮走向文明的曙光，商周时期青铜器上神秘的纹饰带给观众的是那个时代对鬼神的敬畏，而秦兵马俑带给观众的却是一种心灵的震撼力，唐代精美的金银器使人感受到中国鼎盛时代的雍容华贵，而宋代瓷砖上的雕刻给观众留下的是中国千年前朴实的民风民韵。第三、四层红色的地毯衬托出皇家收藏的华丽和尊贵。那精工细雕的景泰蓝，那镶金嵌银的皇家用具，那呼之欲出的雕刻，那变化无穷的中国写意画，无一不使观众惊叹中国古代巧夺天工的艺术创造和典雅清新的人文精神。

中国文物展真正征服了巴西的观众，展览从开幕起盛况空前，每天都有成千上万的人涌进奥卡展览中心，为了文物的安全，也为让观众更好地欣赏每一件展品，展览中心采取了限时限人入场的办法，这不但缓解了展场内人满为患的压力，也使观众可以比较从容地参观。而这可就苦了等候在外面的观众了，观众们为了亲眼目睹中国文物的风采，经常要排队等上几个小时，即使是这样，大家也十分有耐心地排着长长的队，等待着那激动人心的参观。

整个奥卡展览中心从中国文物展开幕到闭幕，成为圣保罗人气最旺的地方。除圣保罗当地观众外，来自巴西其他城市和地方，甚至邻近国家的观众也不少，短短的三个多月，奥卡展览中心共接待了120多万观众，其中买票的观众是87万2千人，其他是学生和特邀客人。仅仅是三个月的时间就有120万观众参观，这在奥卡展览中心开馆举办各类展览以来，是绝无仅有的。

中国文物展在巴西获得了巨大的成功，中国的古老文化征服了桑巴的故乡。这些精美无比的艺术品不仅使巴西和南美人民第一次看到了中国古老辉煌的历史文化，也使巴西和南美人民从中认识到了今天的中国，一个能创造五千年文明的民族必将能够创造更为灿烂的明天。

中国文物展也真正加深了中巴两国之间的文化交流，2004年5月巴西总统访华时，为在北京故宫博物院举办的"来自亚玛逊河的文物展"剪彩。这个展览为中国人民带来了巴西的文化艺术，同时这个展览也是赴巴中国文物展的回访展。相信来自神秘的亚玛逊河的文物也会像中国赴巴西的文物展一样受到中国观众的热烈欢迎。

挚爱与奉献

——我所参与的中国文物对外交流

第三篇

尊严篇

从事文物对外交流30年来，我认为自己是成功的，为中国的文物事业赢得了极大荣誉，为文物保护事业筹措到不少资金，也为中国与世界各国文物部门的交流与合作打下了坚实的基础，结识了一大批朋友。我觉得自己能够成功的关键，在于自己始终将国家和民族的利益放在第一位，在于对外交往中始终坚持自尊、自信、自强。不熟悉我的中外人士都说我厉害，多少有点怕我，但熟悉后就会发现我这个人其实是刀子嘴豆腐心。能帮忙的事我一定会帮忙，但在原则问题上，我可是寸步不让。

我的身上有着强烈的民族情结，那就是对祖国文化深深的爱。我不能容忍任何人侮辱我的祖国和人民，如果碰到这种情况不管在国外或是国内，我都会严厉地给予回击。我觉得百年来中国人由于贫穷落后，在外国人面前总有一种自卑感，觉得自己比外国人低下，对外国人是言听计从。有时候甚至不惜丧尽国格、人格，我最看不起这种人。我和任何国家和民族的人员交往时，首先是不卑不亢，不管你有多高的身份、多大的权力，也不管你是不是富甲一方的亿万富翁，我都一视同仁。我代表的是中国，拥有的是中国的古老文明。只要你尊重中国，尊重中国的文化，我就积极与你合作、与你进行交往。遇到那些对中国，对中国文化，对中国人不尊重的人和事，我也就不客气了。

我是堂堂正正的中国人

记得那是上世纪70年代末，我们接待了一个由日中文化交流协会组织的日本金融代表团，代表团成员有日本经济新闻社社长、日本几个大银行行长、日本证券交易所所长等十几个金融界大亨。日方陪同人员一位女士跑前跑后对这些人是毕恭毕敬，生怕侍候不好这些财神爷们。

日本团临走那天下午，由我们安排参观故宫的文物修复厂。那时我们在沙滩红楼办公，外宾的行李由于中午提前退房都放在行李车上停在红楼，我和司机说好了，等我从故宫回来后，一起去机场。

在故宫参观结束时下起了瓢泼大雨，外宾要去友谊商店买东西，为了能及时赶回去，我又没带雨具就搭上东京证券交易所所长的车，司机把我放在红楼后，他们马上就去了友谊商店，也就是晚了三五分钟。

我在红楼押上行李车傻呵呵的就直奔机场了。在机场等了很长时间，郭处长才陪着日本团来到。陪团的翻译是对外友好协会日本部的小陈，他一见我就说："小王，可不得了了，就因为你坐了东京交易所所长的车，日本那位女陪同大发雷霆的骂你，说你有什么资格坐所长的车，如果影响了所长买东西，你负得起这个责任吗？"我一听就火了，一股气直往上窜，我马上找到那位女陪同，我说："听说你骂我，你凭什么骂我？你也是女人，你有点同情心没有？下着那么大的雨，我是为你们押运行李，坐了所长的车又怎么样，不就晚了几分钟吗，你就怕耽误了你们所长买东西得罪了他，你就不怕中国人被雨淋病了，你这是不把中国人当人。我还告诉你，在日本，你在这些大老板面前是奴颜卑膝，这是在中国，我在中国可是堂堂正正做人，这点你要明白。"那位女士平常能听懂中文，可今天她摇着手说："我听不懂，我听不懂。"于是我就对小陈说："小陈你给她完完整整地翻译，一句都别落掉。"郭处长就陪着那帮金融大亨们坐在对面，大家全都看到我生气指责那位女士的一幕，郭处长还一再给我摆手，我装着看不见，继续大声地对她讲道理。

等日本人上飞机后，小陈对我说："你骂的太好了，这个女人从来都看不起我们这些接待人员，特欺负人，觉得我们都是侍候她的，在她眼里只有廖承志、孙平化这些领导，我们都讨厌她，但又不敢惹她，今天你可是给大家出了气了。"

　　一星期后，我接到了被我骂的日本女陪同寄来的道歉信和一条纱巾，肯定是她的那些大老板骂她了。从此后，这位小姐每次见到我，远在20米外就热情地飞奔过来和我打招呼，她知道这个中国女人可不好欺负，再也不敢在我面前摆谱装大了。

　　友好是有原则的，你敬我一尺，我敬你一丈。但对那些不尊重我们的人和事，绝不能视而不见、听而不闻。这么多年来，我发现你越是维护国家和个人的尊严，外国人反而十分敬佩你，和你打交道时尊重你的人格和意见。如果你奴颜婢膝那算是完了，他们不但看不起你，和你合作时还会趾高气扬，而且不会尊重你的意见和想法。

不遵守时间就请你走

记得那是上世纪90年代初的一件事，荷兰一位叫杨森的先生和我约好某天上午九点来文物局谈事，到了那天，我从九点就开始等，一直到十点半他才姗姗到来，而且没有任何理由。我觉得他对中国官员起码的尊重都没有，于是我对杨森说："对不起，你不遵守时间来晚了一个半小时，我下面还有其他安排，你可以回去了。"杨森看出我不高兴，就说："对不起，我下午来行吗？"我说："不行，你再电话联系吧！"这样这位先生就悻悻地走了。回到旅馆后，他不得不乖乖地再打来电话另约时间。第二次他比约定的时间提前十五分钟就到了，在接待室老老实实地等着，再不敢小觑中国官员了。

我认为遵守时间不仅是美德也是对对方的尊重，一般外国人都是很守时的，而在中国，他们觉得自己尊贵，想怎么样就怎么样，这可不行。作为中国的官员，我们应该有自己的尊严，因为我们代表的不仅是个人，而是国家、是政府。我们在国外，要拜会一位政府官员是很不容易的，而且国外的官员都很牛气，有时要等很长时间才能见到。但在国内，我们有的官员只要听说是外国人，不管他是阿猫，还是阿狗都要见，完全不讲对等原则。我不是大国沙文主义，但我不赞成这种不顾身份的作法，其结果是贬低了自己，助长了某些不友好的外国人歧视中国的邪气。

从60小时到560小时

1994年国家文物局与日本广播协会（NHK）签订合作协议，在中国拍摄大型纪录片"中华文明五千年"。这是日本广播协会继"黄河"、"长江"两大纪录片后，在中国拍摄的第三部全面介绍中华五千年文明史的纪录片。也是日本广播协会投资最大，动用人力、物力最多，拍摄时间最长的一部纪录片，这部大型纪录片获得了空前的成功，第一次向日本国民全面地介绍了中华文明，也创造了日本纪录片最高的收视率。该片也在日本和国际上曾多次获得大奖。

这部纪录片，在开始拍摄阶段，曾遇到很大的障碍，其中最大的问题是来自国家文物局内部之争所造成的，后经中央最高领导层出面，总算是顺利解决了。

整个拍摄工作历时18个月，投入资金800多万美元，除在国内26个省市拍摄外，还在台北故宫博物院拍摄了抗日战争期间由北京故宫南迁的部分重要文物，其中包括王羲之的"快雪时晴帖"、陕西岐山出土的"毛公鼎"等。这也是同时介绍两岸故宫收藏文物的第一部纪录片。

根据协议的规定，中方除有在中国的版权外，日方还应将拍摄的全部资料片无偿的提供给中方。1996年年底拍摄工作结束后，日方制片人迟迟不履行协议，没有将资料片提供给中方，我就专门给该片的制片人写了信，敦促他尽快将拍摄的资料提供给中方。在我的一再催促下，我们终于收到了日方寄来的资料，打开箱子一看，只有拍摄故宫的60个小时，而且竟然是家用的录相带！

这简直太过分了，完全不符合双方签署的协议精神，这真叫过河拆桥啊！于是我又给这个制片人连着写了两封措词严厉的信，要求他履行合作协议。两封信寄出后，没有任何的回音。

这真把我气坏了，我想"好吧，你不是不理睬我吗，我让你吃不了兜着走"。于是我就给日本广播协会新上任的会长海老沢先生正式去函，将这次中日合作的情况，协议内容及NHK此次制片人的作法全都写清楚。要求会长从中日友好的大局出发，关注此事，真正履行双方的合作协议。

两星期后，我接到日方的正式回函，同意按协议提供全部资料片。

很快日方就将全部资料片560小时的专业录像带派专人送达我局。

事后有关方面的朋友告诉我，海老泽会长接到我的信后十分重视，马上责成有关人员处理此事，又花了2000多万日元重新为中方制作了全套的资料。那位不识相的制片人也终结了他往上爬的机会，很快就从东京总部调到北海道支局降职工作。

这件事就说明，在对外合作中，我们一定要维护国家的尊严和利益，对任何违反和不执行双方协议的行为都要态度坚决，据理力争，不达到目的就不罢休。这正是周恩来总理所倡导的有理、有利、有节吧。

挚爱与奉献

——我所参与的中国文物对外交流

把估价从3000万美元提到6000万美元

1994年，四川省文物局和日本朝日新闻社签订协议，定于1996年在日本东京等地举办"四川三星堆出土文物展"。三星堆考古发现是近年来最重大的考古发现，大量的出土文物掀开了古蜀国的神秘面纱，将古蜀国的历史向前推进了一千年。三星堆出土文物造型奇特怪异，引起世界考古界对中国灿若繁星的多元文化更大的研究兴趣。

三星堆出土文物赴日本展，这是在国外的第一次专题展出，承办展览的日本朝日新闻社，为宣传展览专门派遣摄制组到四川拍摄文物。在拍摄一级文物"大玉璋"时，由于日方摄影师未经当时在场的中国文物部门的允许，擅自调整文物的位置，不慎将"大玉璋"滑落在地上，当场被摔成三段。这是一起严重的文物损坏事件，当时在场的中日双方人员都惊呆了，当事人日本摄影师更是吓得长跪不起。

文物被损的情况很快报到国家文物局，局里十分重视，严肃批评了四川省文物局对拍摄过程中的工作人员管理不规范，严重失责，要求四川省文物局责成有关人员进行检查，并与日方解决好赔偿的问题。

这件事情在四川省文物局和日本朝日新闻社引起极大的震动，日方承担了全部责任，通过双方的协商，赔偿问题也得到顺利解决。"大玉璋"重新由文物修复专家粘接起来，但其损失确实不是金钱可以弥补的。那位摄影师回国后即被开除出新闻社，据说在日本再没有人敢雇用他了。

国家文物局从这次文物被损事件中吸取教训，通知各地文物部门，在赴外展览中的图录拍摄工作，一律由中方负责，在拍摄工作中严禁非文物部门的人员移动文物，并向全国通报批评了四川省文物局。

这个展览的谈判和签订协议都不是由我负责的，所以对展览情况不清楚。待出现文物受损后，在查看展览协议时才发现，由于当时主管这个项目的同志对文物展和文物情况不了解，当日方提出四川省原报来的全部展品估价高时，没有考虑到估价是对文物的保护基础，同意了日方的要求，将原估价8000万美元降至3000万美元。这个估价大大影响到对这次"大玉璋"的赔偿谈判，降低了估价，"大玉璋"的估价只值12万美元，日方就以此估价为根据进行赔偿。

当时我正在筹办赴美国"中华五千年文明艺术展"，也选用了几件三星堆的文物，其中"大玉璋"估价是200万美元，而那件世界瞩目的青铜大面具赴日本展估价是120万美元，赴美国展是3000万美元。也就是说，赴日展的三星堆全部展品近两百件文物，只等于赴美展三星堆一件文物的估价。这的确是太悬殊了。如果这次展览出现意外或是有人故意制造事端，那区区3000万美元就将包揽了全部文物的赔偿。整个震惊世界的一个古老的文化将再不属于中国，我们也将成为历史的罪人。

我向局里汇报了我的意见，局领导认为问题的确很严重，但考虑到展览协议已经签订了，展览看来还要去，但文物估价一定要提上去。同时四川省文物局也就提高赴日本展估价问题致函国家文物局，要求将估价提高到5000万或6000万美元。因为该展的最初谈判是由我局负责的，所以四川省文物局仍要求由我们来解决，这样，谈判的任务便改由我来负责。

我约见了日本朝日新闻社负责展览的吉田先生，开门见山地说明由于你们在拍摄中损坏了文物，为了文物的安全，我们要将估价提高到6000万美元。吉田一听马上说："那是不可能的，展览协议已经签了就不能更改估价，这是惯例。"我说："是的，展览协议是签了，但你们在展前损坏了文物可是没有先例，我们的文物安全受到了威胁，所以必须提高文物的估价。"吉田马上说："文物损坏了我们已经赔偿过了，问题已解决了，你们还要怎么样，如果估价再提高3000万，我们将大大增加负担，这将超出我们的展览预算。"我一听就很生气，我对吉田说："你以为你们赔的那些钱可以替代文物的损失？正是因为你们降低了全部展品的估价，才使"大玉璋"的估价远远低于它真正的价值。我告诉你这件"大玉璋"赴美国展的估价是200万美元！你们的赔偿比这低多了，我们必须保护我们的文物安全，提高估价。"吉田很傲慢地说："降低估价是你们同意的，估价绝不能提高！"说完，居然将手中的文件啪地扔在茶几上。

这下子可把我惹火了，我拍着桌子说："你干什么？我告诉你，如果不是我们在降低估价上有一定的责任，那估价可就不是恢复到6000万，而是8000万美元。我不准备和你再谈了，你回去叫你的部长来。我还告诉你如果估价不提高，展览不去了！"说完，我就站起来，吉田只好走了。

随后，我马上将会谈情况向局领导汇报，考虑到在降低估价问题上我们的同志确实要负责任，为了能顺利提高估价，局里同意在提高估价后，在保险问题上，我们也可承担部分费用，可在日方支付的展费中解决。

第二个星期，吉田的上司专程从东京赶来与我会谈。这位部长比吉田聪明多了，看来他也了解他的谈判对手可不是随便应付得了的，所以态度显得十分诚恳。我就将为什么我不和吉田谈判的情况告诉他，而且我还强调这种不尊重中国，对中国不友好的人，今后也不希望再和他合作。同时我也明确地告诉他如果估价不提高，我们将考虑取消这次展览。

看来这位部长是有备而来的，所以他表示完全理解中方的意见，也承认在估价问题上日方存在的问题，但强调这个估价是中方同意的。他表示日方原则上同意将估价提上去，也希望中方能体谅日方目前的困难，也就是提高了预算100%的保险费，再加上"大玉璋"的赔偿费，这将大大超过展览预算，部长表示完全接受中方的方案有些难度。考虑到日方的态度有了很大的转变，在降低估价上的确是我们同意的，又已签订了展览协议的现状，如果我们不承担点责任，会造成谈判僵持的局面。我就告诉日方，在降低估价问题上，中方人员也有责任，我们可以考虑承担保险的部分费用。日方听后十分高兴，也就顺坡下来了，认为中方很体谅他们的困难，就接受了中方的意见，将估价由3000万美元提高到6000万美元。就这样我们双方达成了一致，将已经签订两年的协议改了过来。

这次问题虽然解决了，三星堆文物展在日本引起了不小的轰动。但现在回想起来，我仍觉得心里沉甸甸的，本来完全可以避免的问题，由于我们个别同志的失误造成了国家的损失，这样的事情实在值得我们的领导和有关人士进行反思。从事文物对外交流的人员一定要真正了解自己的文物，热爱祖国的文化遗产，绝不能掺杂任何的个人因素，必须时时处处从国家的利益和文物的安全考虑，这样才不会出现任何不应该发生的问题，使我们的文物对外交流工作长盛不衰。

100％不赔偿到赔偿100％

记得那是中国兵马俑第一次去英国，我和英国驻华使馆一等秘书负责展览的协议谈判。在协商展览协议中我们双方出现了不同意见，争执的焦点是保险条款。我们的协议中第九条是"在出现不可抗拒的天灾人祸时如：地震、海啸、飓风、飞机失事等，造成文物的损失，展出国将只赔偿文物估价的50％。"这是国际惯例，这一条也是我国外交部条法司认可的。而在英国的法律中对于不可抗拒的因素，国外则称为上帝的行为，上帝的行为造成的任何损失都是不予赔偿的，英国的一秘先生就要求将这个条款改为100％不赔偿。也就是说我们的兵马俑在英国展出期间，遇到天灾人祸造成损失，我们将得不到任何赔偿。

这可是大事，是绝不能马虎的，我对英方讲：中国国宝不能接受这种不符合国际惯例的条款，要求他与英国政府再协商，否则展览协议难以达成共识。

过了几天，英国驻华使馆一秘又来拜会我们，他带来英国方面的意见，仍坚持原来的100％不赔偿，还特别强调如果要改成赔偿50％，将要通过下议院讨论再提交上议院通过。因为这个条款不是针对中国一个展览，而是延用多年的法律规定，要改就必须修改这条法律。当然100％不赔偿这条我们肯定不能接受，赔偿50％英方又不干，这次会谈我们仍没能达成一致。双方同意将会谈的结果再请示各自的领导，约定一周后再次会谈。

谈判结束后，我想展览开幕的时间越来越近，这是兵马俑展第一次去英国展出，也是文化大革命结束后中国赴英国的第一个文物展览，对宣传中国是极为重要的。但100％的不赔偿解决不了，这不仅影响维护国家的尊严，也是对维护先民创造的珍贵遗产的一种失职，我们只有保护的神圣使命而不允许有任何的损失。我又仔仔细细地一条一条地研究了展览协议，看到第七条时，我脑子豁然开朗，这一条写明"乙方（英方）将对全部展品进行保险，如出现文物丢失，乙方将根据文物估价进行赔偿，如出现文物损坏，根据双方专家的评定，能修复的文物赔偿不超过估价的50％。"第九条是在第七条的基础上加上的不可抗拒条款，如果把第九条去掉，不提不可抗拒条件下的赔偿，文物的任何丢失和损坏就可按第七条中的明确规定根据估价进行赔偿。这样就不会牵扯到100%不赔和50%赔偿的问题，对中方是非常有利的，在任何条件下出现问题，对文物的保护也是有保障的。

第二周，英国使馆一秘如约来到文物局，我先问他，我们争执的条款问题有没有结果，他耸耸肩、双手一摊表示没有任何进展，又再次说明这个条款如果改动必须要提交议会讨论。于是我就非常大度地说："这样吧，我也不提赔偿50%了，你也不提100%不赔偿了，咱们各退一步，把这条取消算了，这样我们的问题不就解决了。"一秘一听非常高兴，一再说这样太好了，否则你们总坚持赔偿50%，我们的协议就不会被批准，谢谢中方的让步。我接上说谢谢你们的合作，主要是展览时间不允许我们再在协议上扯来扯去了。一秘认为其他条款都已经审核过了，没有了这条双方可以马上签字了。于是我们约定第三天由英国文化参赞和郭劳为处长代表双方在文物局正式签订协议，中文本由我们负责，英文本由英方负责，没有其他改动，只是将第九条全部删掉。一秘喜气洋洋地走了，我想他一定是赶着回去报功，并通知国内：中方不提赔偿50%了。

第三天上午，中英双方再次会面，又一次最后核定展览协议，中英文本中均将第九条不可抗拒条款取消，其他条款没有改动。英国驻华使馆文化参赞和中国国家文物局外事处处长郭劳为共同签署了赴英国"秦始皇兵马俑展览"协议书。

签完协议后，我对英国使馆一秘先生说："谢谢合作，这回中国文物安全可是有保障了，任何条件下的损失英国都将负责赔偿，而且不是50%，是100%。"我说完后，一秘看着我说："您这是什么意思？"我指着第七条说："这条不是说得很清楚吗？'甲方文物在展览期间如出现丢失，乙方将根据文物估价进行赔偿，如出现损坏，根据双方专家的评定，能修复的赔偿不超过 50%。'这样任何条件下文物遭受损失，你们不是100%的不赔偿，而是100%的赔偿了。"英国一秘楞楞地看着我，过了一会儿他说："我怎么没想到这条已经全写明白了，我还认为是你们让步了呢。"我说："这不挺好的。这样，展览就可以去英国了，要不然咱们还签不了协议。"一秘再也没说什么，展览协议已经签了，说什么也没用了。

从那以后，我们就将展览协议中的不可抗拒条款去掉，这样中国文物在任何条件下出现问题，举办方都应承担全部赔偿责任。

不该忘却的一个文化交流协议

刚到国家文物局不久，为了全面了解中国文物的对外交流的历史，我翻阅了几乎全部文物对外交流的档案。一个和前苏联的文化交流项目引起了我的注意：1956年故宫博物院调拨了550件清宫收藏的瓷器、玉器、珐琅器、漆器等给苏联的博物馆。我当时就问郭劳为处长这是怎么回事，郭处长也不清楚。于是我去了外交部查阅了1956年中苏文化交流协议，在协议中白纸黑字写着：为加强中苏两国博物馆的交流和合作，中华人民共和国和苏维埃社会主义共和国从各自的博物馆中挑选艺术品550件作为两国博物馆互换收藏品。中方很快就履行了协议的规定，550件艺术品由当时历史博物馆陈列部主任佟柱臣和故宫博物院保管部主任李鸿庆押送到苏联。我们从故宫博物院调阅了当时提供给苏联的文物目录，目录详细地记载了提供给苏方的每件文物的名称、质地、年代和尺寸，件件文物都十分珍贵，基本上是清乾隆时代的艺术品，这些艺术品可以说是价值连城。而苏联方面因中苏关系的恶化根本就没有履行协议。中国政府提供的550件中国古代艺术品现在收藏在莫斯科东方艺术博物馆和圣彼得堡艾尔米塔什博物馆。

三十年过去了，再没人提起这件事，也再没人记得这件事。但我心里却是愤愤不平，这是一个单方面没有执行的政府文化协议，是一个不平等的协议。为什么苏联不履行由双方文化部长签字的政府协议，为什么中国珍贵的五百多件古代文物就白白的给了他国。为此我在郭处长的同意下，以国家文物局的名义致函给当时驻苏联使馆文化处，向他们通报了情况并希望他们协助了解有关情况，但是石沉大海没有任何答复。现在又过去了二十年，这件事仍是没有下文。郭处长已驾鹤西去，知道这件事的只有少数仍健在的几位已是古稀之年的老同志，如：国家文物局原办公室主任金枫同志、故宫博物院原副院长于坚同志等。

五十年前的这个协议之所以不能履行，是有当时众所周知的、不能逾越的历史背景的原因。五十多年过去了，今天的中国强大了，应该重新审视这个未能履行的协议，不能不闻不问，让历史永远尘封。我之所以要将萦绕在心中三十多年的这件不能忘怀的事情写出来，就是希望我的继任者，不能忘却这个不平等的文化交流协议——中国在1956年白白送出了550件文物。希望通过有识之士的努力，通过政府的外交斡旋，促成现在的俄罗斯政府履行前苏联政府迟迟未履行的政府协议，使我们的博物馆能早日拿回应该属于中国政府的俄罗斯550件艺术品。

尊严篇

第四篇

海外国宝的探访和回归

探访海外遗珍

　　探访海外遗珍对我来说是个沉重的话题，从事文物外事工作三十年来，因为工作的关系，有几十次出访世界各国博物馆的经历，所见到流失海外的文物何止万千，每每见到这些流落在异国他乡的我国古代珍贵文物，在我的心底总会涌动起一种酸楚。夜稀人静时，这些文物经常会一件件的像电影一样一幕幕呈现在我的眼前，使我久久不能平静。我总觉得这些文物都是有生命的，它们是中国五千年绵绵历史长河的见证，是中华文明辉煌历史的代表、是中华民族智慧的结晶。虽然它们流落在异国他乡，但它们是中华民族创造的不朽的瑰宝，我们不可以忘却这些海外遗珍。

　　1982年，我在比利时布鲁塞尔"中国珍宝展"参加随展工作时，在皇家历史博物馆的文物库房里，我第一次看到收藏在外国博物馆的中国文物。比利时皇家历史博物馆对我们三个中国人很照顾，不仅让我们进了文物库房，看到中国人如此感兴趣，干脆连人都不陪我们了，把我们反锁在库房里，约好两个小时后再来接我们出去。于是在这座文物库房内，我们三个中国人一个柜子、一个柜子仔细地看到比利时最重要的博物馆收藏中国文物的情况。这批中国文物主要是战国至汉唐的铜镜，质量很高，纹饰十分精美，尤以唐镜的海兽葡萄纹镜最为珍贵。据说这批文物是早年曾在中国工作过的一位比利时外交官的收藏，卸任回国后在晚年捐给了布鲁塞尔皇家历史博物馆。

　　这次探访流失海外的中国文物给了我很大的触动，我不是从书本上而是亲眼见到了中国文物的流失情况，也是从这以后，产生了一种强烈

挚爱与奉献

——我所参与的中国文物对外交流

的要求：不管出访哪国，我都要了解和参观各个博物馆收藏的中国文物，如有可能我也会提出要求看看中国的文物库房。二十多年来，在欧洲、亚洲、美洲、大洋洲，凡是我去过的国家，只要有中国文物收藏的博物馆我几乎都探访遍了，一些世界上收藏中国文物的著名博物馆我更是多次拜访，并参观他们的文物库房。除了博物馆外，我也曾多次拜访西方著名的中国艺术品收藏家和经营中国艺术品的著名商人，在这些收藏家和艺术品商店里同样看到许多令人过目不忘的中国珍贵文物。

记得那是在上世纪90年代初一个深秋的下午，我在瑞士苏黎世参观瑞得伯格博物馆，当时博物馆内几乎没有几个观众，天空阴沉沉的，暮色已开始笼罩着大地。在二楼的一个展厅内，只有我一个人，展厅不大，四面陈列着四尊中国元代和宋代的木雕佛像，其中三尊立佛一尊坐佛。四尊佛像雕刻得都十分精美，那流畅的衣纹，几乎可以乱真的璎珞，飘动的裙带再加上栩栩如生的面容和睿智的双目，仿佛具有生命一样。尤其是那尊坐佛，优雅高贵的气质，使人不能不对我们先民巧夺天工的雕刻技艺叫绝。我看着看着，似乎从佛像的眼中看到了泪花，听到了要回家的呼喊。我当时真是感到一种从未有过的痛楚和无奈，我的眼睛里充满了泪水。我不知她们是何时在何地被人偷盗的，也不知道在何时远离祖国流落到此的，但我知道这几尊佛像已在人世间生活了千余年，不管现在身居何方，她们的

2000年9月，在苏黎世瑞得伯格博物馆与中国宋代佛像

根基永远属于中国。从博物馆出来，我的心绪久久不能平静，我真切地感到我的祖国在近代被西方以坚船利炮打开了国门后，任人宰割，任人欺侮，民族文化惨遭掠夺。庆幸的是中国终于站起来了，那种民族精萃被掠夺、被强占的历史已永远的结束了。

　　瑞得伯格博物馆收藏的那尊木雕坐佛，高贵典雅的面容一直深深地嵌入了我的脑海。我常常在睡梦中见到她，我也常常想能再次探访她。也许是冥冥中有神灵成全了我的愿望，2000年，瑞士瑞得伯格博物馆向我们提出举办"中国青州佛造像展"的要求，我们同意了瑞方的请求。同年9月，中国文物代表团访问瑞士苏黎世时，我又一次来到了这家博物馆，除了与博物馆馆长签署了展览的协议书，我最想见的是那座使我常常惦念的坐佛。我又来到了二楼那座不大的展厅，我又见到了那四座木雕佛，我静静地站在那尊坐佛前，目不转睛地看着她，她还是那么高贵优雅、充满了灵气，我知道她很高兴见到我又来探访她。我对她说我还会再来看你。是的，我还会再来的，一定要来的，因为这里有流落在海外的我们民族的瑰宝。

英国伦敦大英博物馆将中国的文物独辟一个专馆陈列。那琳琅满目的中国瓷器、玉器、青铜器无一不代表中国艺术的最高水平。中国古代名家的绘画代表作是大英博物馆东方部尤为引以自豪的收藏，其中东晋大画家顾恺之的《女史箴图》更是中国绘画史中最重要的作品之一。大英博物馆收藏的一尊隋代佛像有两层楼高，由于佛像的体积太

2000年11月，在伦敦大英博物馆隋代立佛前

大，陈列室已无法摆放，就将这尊立佛放在楼梯旁。本来他应立在宏伟的寺庙里，供万人瞻仰礼拜，而在这里却是放在最不被人注意的地方，只有走楼梯时，才会注意到这尊孤独的立佛。这也是我看到的流失在海外最高大的一尊立佛。

在英国维多利亚艾尔伯特艺术博物馆内收藏的中国文物仅次于大英博物馆，但其数量、质量和种类也堪称一流。其中不论是瓷器，还是青铜器都是极其珍贵的，而其收藏的中国历代佛造像在西方也堪称一流。

而在伦敦大卫德艺术品基金会内收藏的中国瓷器可能是世界上收藏中国瓷器最多的地方，大大小小的陈列室里密密麻麻地摆满了中国各个时期的瓷器，只能用蔚为大观来形容，即使在中国，也没有一个博物馆在数量和质量上比得上大卫德艺术品基金会所收藏的中国瓷器。

在法国集美博物馆收藏着法国探险家伯希和从敦煌带回的大批珍贵敦煌遗书、帛画，是其他博物馆没有的。这批敦煌文书和帛画是研究敦煌最珍贵的资料。集美博物馆收藏的中国历代陶瓷、玉器、青铜器、雕塑和绘画，在法国也是质量最高、数量最多的。

巴黎的赛努奇博物馆则是法国收藏中国青铜器最著名的博物馆，其中尤以收藏战国时期的青铜器最为珍贵。

在德国柏林的印度艺术博物馆内，整片墙壁上陈列的，都是在20世纪初被德国探险家用非法手段抢来的新疆伯孜克里克千佛洞内的壁画。看着这些色彩艳丽、栩栩如生的佛教壁画，不能不想起现在吐鲁番伯孜克里克的千佛洞那一座座被破坏的千疮百孔、空空如也的洞窟。

美国各大博物馆收藏的中国文物给我的印象最为深刻，从东部到西部、从北部到南部，几乎所有的博物馆都有中国文物的收藏。

在旧金山亚洲艺术博物馆，中国的艺术品收藏是最重要的，馆内的中国艺术品陈列不论是陶瓷、玉器、青铜器、漆木器还是雕塑、绘画，样样齐全，在这里你可以了解中国五千年文明艺术的发展进程和中国各个历史时期的艺术特点。不论是青铜器、瓷器还是绘画都是世界上不可多得的稀世珍品。

在克里夫兰艺术博物馆内，收藏的中国商代晚期的青铜器鸱鸮尊，弥足珍贵，宋代五大名窑的瓷器也件件了得，而宋元明的绘画更是画中精品，其中五代巨然《溪山兰若图》、北宋赵光辅的《番王礼佛图》、北宋《溪山无尽图》、南宋李嵩的《货郎图》、马远《松荫观鹿图》、南宋《蹴鞠图》、元代王冕《墨梅图》等佳作均为中国绘画史上的重要作品。

美国纳尔逊博物馆的中国艺术收藏，在世界上都是很著名的，除了有来自龙门石窟宾阳洞的《帝后礼佛图》外，唐宋元明清的绘画也是独步天下。其中唐代周昉《弹琴仕女图》所表现的宫廷仕女的高雅情趣，北宋许道宁《渔父图卷》所描绘的山山水水的磅礴秀丽，南宋马远《西园雅集图》对宋代文人墨客生活的真实写照，夏圭《潇湘八景图》清丽脱俗的风景，都给我留下了深刻的印象。

芝加哥艺术博物馆内收藏的商周青铜礼器、早期玉器、宋代五大名窑的瓷器、汉唐的雕塑和唐三彩等的制作技艺都具有相当高的水平。这些珍贵文物过去一直在芝加哥艺术博物馆的库房中睡大觉，直到90年代初，香港著名企业家徐展堂先生知道了这个情况后，为了使中国的珍贵文物能与广大观众见面，慷慨解囊捐款100万美元修建了——徐展堂中国艺术馆，才将这些沉睡了六十余年的稀世珍宝陈列出来，我有幸是第一批观赏这些中华遗珍的观众。芝加哥艺术博物馆的这批精美收藏，大部分是20世纪初美国私人收藏家的捐赠，其中西周的青铜方彝，战国的错金银青铜壶，唐代的彩绘骑马仕女陶俑，唐三彩俯首立马，唐彩绘菩萨石像，宋定窑、龙泉、钧窑的瓷器都是稀世之宝。

波士顿艺术博物馆也是以中国艺术品收藏闻名世界。在该馆的中国艺术品陈列室内，商周的青铜礼器和汉唐的石雕遥相呼应，那神态各异惟妙惟肖的宋元木雕佛像使人流连忘返。辽代硕大的素三彩罗汉像更让人啧啧赞叹中国千年前大型彩瓷的烧造水平，这尊罗汉原来供奉在河北易县的寺庙内，是十八罗汉之一。解放前这十八尊罗汉全部流失海外，被海外一些博物馆所收藏。在美国宾州大学博物馆、西雅图亚洲艺术馆、纽约大都会博物馆、英国大英博物馆、法国集美博物馆都藏有易县的罗汉。波士顿艺术博物馆收藏的中国古代绘画也是该馆最重要的藏品，其中的镇馆之宝当推唐代阎立本的《历代帝王图》，其收藏的《北齐校书图》是中国人物画中最早的作品之一，而北宋宋徽宗摹唐代张萱《捣练图》也是不可多得的稀世珍品。据说20世纪初波士顿艺术博物馆的东方部主任是位日本人，这位主任酷爱中国文物，为收藏中国文物，他派人常驻西安收购到大量的汉唐雕刻。1911年辛亥革命时他本人正好在北京，趁着社会的动乱又买走了很多中国珍贵的文物。正是这个时期奠定了波士顿艺术博物馆中国文物收藏的重要地位。

费城艺术博物馆中国馆的陈列最具特色，除了将北京一座完整的清代王府重新搬建在中国馆外，中国馆展厅内，陈列着北京明代智化寺大殿的藻井，这是中国明清建筑史上最为重要和具有代表性的雕刻艺术作品。藻井四周雕刻出数十个佛龛，每个佛龛中供奉着佛像，藻井中央的盘龙雕刻得极富神韵，这样精美的藻井我的确从未见过。智化寺是明代皇家的寺庙，智化寺佛教音乐和主殿的藻井雕刻是智化寺当时最为世人称道的。20世纪30年代其藻井流入美国，现在的智化寺大殿的屋顶还留有一个大窟窿，乃是原来藻井的位置。

美国的大学博物馆可是藏龙卧虎的地方。在费城的宾夕法尼亚大学博物馆的中国文物展厅内，北齐响堂山的三尊比人还高的佛像赫然入目，两只汉代的石刻大辟邪煞威风凛凛，迎面墙上是山西元代广胜寺侧殿《说法图》的壁画，陕西唐太宗墓前最著名的昭陵六骏，其中的两骏"飒露紫"、"拳毛𫘨"也陈列在此。抚摸着当年为开创唐帝国屡建奇功的两匹骏马身上被卖国奸商们砸破的累累伤痕，我感到一种彻骨的痛恨，这是为我们民族瑰宝的大量流失而痛，是对那些出卖祖国文化遗产的无耻奸商之恨。

在哈佛大学的福格博物馆内，有温斯洛甫先生捐赠的中国艺术品收

1994年5月，在费城宾夕法尼亚大学博物馆与"昭陵六骏"

1994年5月，在美国费城宾夕法尼亚大学博物馆与元代木雕佛像

——我所参与的中国文物对外交流

藏。商周青铜器厚重的造型和神秘的纹饰，新石器时期良渚、红山文化到商周汉唐的玉器代表作，北朝的佛造像，山西天龙山石窟的浮雕，汉代的彩陶，唐代的金银器，宋代五大名窑的瓷器，宋元明清的绘画无所不有。在博物馆的库房里，我又看到了整整一满柜的宋钧窑的瓷器，这些瓷器都是钧窑中不可多得的精品，色泽艳丽或呈海棠红或蓝中点缀着大块的紫红斑，多为整套的花盆，翻过来圈足内还刻着丽景轩、养心殿、乾清宫等紫禁城内各宫殿的名字，说明这些宋代钧窑花盆确实是过去清宫里的摆设。据介绍，末代清帝溥仪被推翻后仍住在紫禁城的内廷，由于小朝廷宫中庞大的开销入不敷出，于是就将宫中的艺术品一批批的拿到外国银行，如：盐业、花旗等银行抵押，换回银元供小朝廷使用。后来没有钱赎回，这些抵押的文物都归这些外国银行所有了。大批清宫的艺术品就这样被低价贱卖掉了。福格博物馆收藏的这批宋钧窑的瓷器，正是当年抵押在花旗银行，没有赎走的清宫文物，当时花旗银行的总裁是哈佛的毕业生，便将这一大批瓷器送给了哈佛大学博物馆。这样珍贵精美的海棠红钧窑花盆，我只在故宫博物院见过一只，在这里却是满满的一大柜子！

　　耶鲁大学博物馆的陈列室并不大，但陈列的中国艺术品却极为精致，不论是青铜器、玉器、陶器还是石雕、绘画件件都异常珍贵，尤其是该馆收藏的宋元绘画均为上品，如：五代徐熙《草虫图》、北宋《睢阳五老图》、南宋郑思肖《墨兰图》、元代《罗汉图》等都是中国古代绘画中的孤品。

我没去参观过普林斯顿大学，但曾在西雅图欣赏过该馆收藏的部分书法精品展，中国历代书法名家的作品都在其列，有颜真卿、柳公权、黄庭坚、鲜于枢、赵孟頫、祝允明、文征明等诸家。这样高质量的收藏，如果没有高人指点是不可能取得的。普林斯顿大学正是因为有方闻教授主掌，才能将这些珍贵的作品收集起来，此外，馆内收藏的中国古代绘画也十分著名。

华盛顿的弗利尔艺术博物馆，也是中国艺术品收藏丰厚的博物馆，我曾多次参观过该馆陈列室和文物库房。其中青铜器、玉器和绘画的收藏最为重要，在西方博物馆中是数一数二的。所收藏的青铜器造型奇特，纹饰繁复，多为不可多得的青铜珍品。据说20世纪初，佛利尔博物馆和波士顿博物馆是收藏中国文物最重要的两个博物馆，而这两个博物馆负责东方艺术的专家是同一个人，这位专家建议波士顿博物馆侧重收藏中国绘画和雕塑，对中国青铜器和玉器不作重点，所以很多精美的青铜器和玉器都流入佛利尔博物馆了。不过佛利尔博物馆收藏的中国绘画也是一流的，其中唐代尉迟乙僧《天王像》、唐代阎立本《锁炼图》、唐代陈闳《八公图》、五代郭干《佑寒鹜双鹰图》、五代周文矩《后主观棋图》、北宋米芾《天降时雨图》、北宋《睢阳五老图》、北宋《挖耳图》、南宋马和之《毛诗幽风图》、元代赵孟頫《二羊图》、元代颜辉《柳瓶观音像》等都是中国绘画史上价值连城的经典作品。

纽约大都会艺术博物馆无疑是世界上收藏中国文物最重要的博物馆，其中国文物的陈列馆也是全世界最好的。我第一次参观纽约大都会博物馆中国馆，看到那整壁的来自山西元代广胜寺主殿的《说法图》中栩栩如生的众佛祖，代表了中国元代壁画的最高水平。看到神态优雅令人过目不忘的各代佛造像，尤其那高大的北魏佛造像，以及满柜满箱的青铜器和唐、宋、元、明、清的精品瓷器。挂满陈列室的中国历代名家书画作品真使我感到震撼，恍惚是在中国收藏最丰富的博物馆参观。我曾不下十次到过纽约大都会艺术博物馆，每次参观总觉得意犹未尽，总觉得还有很多没看到的东西，或是还有很多文物看得不够细。所以只要到纽约，参观大都会艺术博物馆是必不可少的节目，否则总觉得缺点什么。记得有一次我们在大都会艺术馆中国书画库房内看宋元绘画，整整四个小时只看了一小部分，大都会艺术博物馆收藏的这些中国宋元的绘画精彩得不得了，如：唐代韩干《照夜白图》、北宋仿周文矩《宫中图》、北宋屈鼎《夏山图》、南宋李唐《晋文公复国图》、南宋马麟《钩勒兰花图》、南宋赵孟坚《白描水仙图》、南宋赵苫《仙人图》、元代倪瓒《虞山林壑图》、元代钱选《观鹅图》、元代唐棣《归渔图》、元代王振鹏《维摩不二图》等，而明清两代的各流派和大名家的作品收藏更是世界其他博物馆望尘莫及的。这些中国绘画的经典作品，有的过去我只在书上看过介绍，有的都没听说过。这次能直接欣赏这些历经千年的中国绘画名家名作，不能不让我感到特别兴奋，看着这些珍贵的先贤墨宝，那出神入化的技法，那巧妙入微的构思，那栩栩如生的人和物，是真正让人肃然起敬的艺术精粹，真让人如痴如醉久久不能自拔，那才是真正的艺术享受。我由衷地感到中华民族的确是世界上最具聪明才智、最有艺术创造力，有着高深文化素养的伟大民族之一。中华文明正是因为有这样的民族才能延绵五千年，才能创造如此灿烂辉煌的历史。

在土耳其伊斯坦布尔托普卡比王宫收藏的中国宋、元、明、清瓷器有一万余件，享誉世界。这批珍贵的中国瓷器是当时奥斯曼帝国皇室的重要收藏，从数量和质量上都是世界最多和最好的，其中尤以元青花瓷器最为珍贵，件件都是元代青花瓷器中的精品，真可说是价值连城。不管是中国自己的博物馆，还是欧美的博物馆都无法与之抗衡。

由于众所周知的历史原因，大量的中国文物、古籍、文献流入日本，因而在日本，中国艺术品的收藏遍及其全国重要的博物馆、寺庙和私人收藏家手中。其数量极为可观，质量也是上乘的，很多文物都可称是国宝级的。在二战结束后，部分中国珍贵文物又被日本人转手卖给欧美的博物馆和私人收藏家。有了这种种原因，我们很难知道流入日本的中国重要文物，数量到底有多少，而在日本能让我们亲眼见到的中国文物也并不多。2000年，我随国家文物局代表团访问日本时，有幸曾探访过收藏在正仓院的中国文物，正仓院是日本皇家收藏文物的部门，也可以说是日本国宝级文物的博物馆。那天日方专门在正仓院的库房内，为我们提看了公元8世纪日本皇室收藏的唐代五件文物，一件制作极为珍贵的迦裟、一面海兽葡萄镜、一只蛙形青铜水注、还有两件小型木雕制品。

　　在欧美我也曾探访过中国艺术品的收藏家和中国古代艺术品商店，应该说，在欧美从事中国古代艺术品交易的商店遍布欧美各大城市，如伦敦、巴黎、布鲁塞尔、纽约。在几个大古董商经营的中国古董店里，不管是传世品还是考古发掘的文物都十分珍贵。这些商店里出售的中国古代艺术品有真有假，有传世的也有考古发掘走私出来的。2002年3月，在纽约一年一度的亚洲艺术周期间，我第一次看到世界各国那么多的中国古董商云集纽约，在纽约展销他们的中国艺术品。在这里真可用触目惊心来形容，很多文物都是从中国墓葬中盗窃出来的，有来自陕西、河南、山西的商周青铜器、汉代彩陶、唐代三彩外，更有比利时古董商展示的整座辽墓出土的金冠、金枕、金腰带上的龙凤纹饰，证明这是座品级很高的王墓。看着这些惨遭盗掘走私的文物精华公开在纽约展销，我心里感到悲愤之极，中国文物的走私是如此猖獗，对中国古代文明造成的破坏是无法估量的。

　　过去我们总说中国文物的流失主要是从1840年鸦片战争后，中国沦为半封建半殖民地国家开始，1860年英法联军在圆明园的野蛮掠夺到1900年八国联军对北京的烧杀抢掠，是中国文物遭遇到的最严重的浩劫。民初军阀混战、八年的日本侵华战争，又有数不清的中国珍贵文物、历史典籍和文献被洗劫，中华文明的瑰宝在近百年中，大量流失。直至1949年新中国成立，才扼制住了文物的外流。但在近二十多年来，文物的走私却愈演愈烈，在几个文物大省盗掘古墓的犯罪活动屡禁不止，众多的墓葬被破坏，随葬品被走私贩卖到海外。一位美国友人曾对我讲过在纽约市场看到来自青海都兰地区出土的唐代精美的丝织品，都兰是古代丝绸之路的必经之地，在那里有大量的吐番人的墓葬，这些丝绸制品就是从吐蕃墓中盗掘走私出境的。我曾专门为此事与青海文物部门联系过，据文物部门讲，在都兰地区有800里沙漠，渺无人烟，根本无法派人看守。那些盗墓贼配有先进的通讯器材和交通工具，随时可以作案，作案完就逃之夭夭，文物部门即使接到报案，交通工具和通讯设备都不及那些盗墓贼，根本无法抓住他们。我也曾在纽约一个收藏家的家里看到上百件商周至春秋战国时期的青铜器，那些造型别致，纹饰精美的青铜器无一不代表当时青铜礼器的最高水平。一个底盘一米左右、由四个羽人用力托起一条螭龙盘蜓而上的建鼓座，无疑是楚国青铜器中的佼佼者；一个底座达两米由98个灯盏组成、顶端是一只鎏金的凤凰的青铜树灯，更是让人叹为观止；那造型奇特纯金镶绿松石的带钩、那镶金嵌银的豹形镇纸、那活灵活现的雁鱼灯等都让我瞠目结舌。而这位先生仅仅只有六年的收藏历史就能将这么多精美珍贵的青铜器尽入囊中。从器物身上的斑斑锈迹和被泥土咬过的痕迹上，说明这批青铜器全都是出土时间不长的窖藏或随葬文物，这更证实了中国近年来盗掘走私的严重性。

近年来中国政府对文物走私的打击力度愈来愈强，不管在陆路还是海上都曾抓获了不少走私文物的犯罪分子，并缴获了不少珍贵文物，也曾严惩了一批罪大恶极的文物盗窃走私犯。通过国际交流与有关国家签署了防止盗窃走私文物的双边条约，并从国外追缴回来几千件的文物。但这一切我认为还远远不够，还不足以完全的防范文物的盗掘和走私。我希望政府有关部门应该对中国文物走私的问题进行严肃认真的研究和分析，要充分认识其严重性和危害性。从中央到地方需要组建专门的文物缉私队伍，要有专人负责，不能走过场，组织相关部门协同作战，制定完善可行的防范措施，加强国际间的合作，从根本上扼制文物的偷盗和走私犯罪活动，这才能真正保护我们中华民族的珍贵文物不再流失。

中华文明有五千年的悠久历史，这是任何民族和国家都无法比拟的，文物是中华民族五千年历史的见证。而在我们博物馆里收藏的文物数量远远无法跟我们民族伟大的历史相对称。中华民族有太多太多的珍贵文物流落他乡，我有幸因工作的关系在国外探访到了一些，但那仅仅是收藏在欧美博物馆内中国海外遗珍的一小部分，更多珍贵的文物仍遗落在世界的各个角落，尚不得知。

我期盼着有一天，我们的有关部门能够将这些散落在世界各地的海外遗珍造册登记、建立档案。通过拍摄影像或出版专集，除了让专家学者有机会深入研究这些代表着中华文明精粹的国宝外，也让广大的同胞们能看到这些海外遗珍。要让我们的孩子们为我们中华民族在漫长的历史发展过程中曾为世界文明和艺术创造出那么多不朽的作品而感到自豪，同时也通过这些珍贵的文物提升他们的爱国主义情操，使他们从小就树立起热爱和保护中华民族文化遗产的信念，为中华民族的振兴贡献出他们的聪明才智。

北宋《淳化阁帖》回归记

北宋淳化三年(992年)，宋太宗出内府秘阁(帝王藏书之所)所藏历代名家法书，命侍书学士王著编次，临摹刻板，拓赐大臣。因是淳化年间所刻，史称《淳化阁帖》，亦称《阁帖》。此帖内容丰富，共分十卷：一卷是历代帝王法帖，二、三、四卷是历代名臣法帖，五卷是诸家古法帖，六、七、八卷是王羲之书，九、十卷是王献之书。由于《淳化阁帖》拓印的是宋以前的历代名家真迹，也是我国第一部历代法书的汇刻丛帖，被尊为法帖之祖，对后世研究和继承古代书法有着极其重要的作用。《阁帖》刻板拓印后不久即遭损毁，后人重刻者屡见不鲜。但宋刻宋拓孤本存世的只有四、六、七、八共四卷，早在解放前流出国外。

1996年5月，我即将赴美参加"中华文明五千年文明艺术展"的谈判，全国政协常委、著名书法家启功先生来电话，要我去他那里。我去后，启功先生对我说："这次你去美国能不能去找一个叫安思远的美籍华人，据说他手中藏有北宋《淳化阁帖》三卷，你可不可以请他拿到北京展览一下，我见不到宋刻本《淳化阁帖》死不瞑目。"启功先生从未求过我任何事情，虽然我不认识安思远先生，但我还是说"您老人家放心，您要我办这件事，我就一定想方设法给您办到。"

在美国期间，我向久居纽约的好朋友梅缵月小姐打听，是否认识一个叫安思远的美籍华人。梅小姐说不认识，但听我说的情况很像一位她认识的收藏中国文物的艺术品商人，此人是美国人，并非美籍华人。我请梅小姐和他联络一下，问问他中文名字是否叫安思远。梅小姐给这位R．H．Ellsworth先生打了电话，梅小姐问他，"是不是有个中文名字叫安思远？"Ellsworth先生回答说"对啊"。梅小姐告诉他，"北京有一位叫王立梅的女士想拜会您。"Ellsworth马上说："我早就听朋友们说过她，我很愿意见她。"就这样，第二天我和梅小姐如约去了Ellsworth家。他就住在纽约大都会博物馆斜对面的一座公寓里，面对着中央公园，是纽约最好的住宅区之一。

Ellsworth先生在他的公寓门口迎接我们，我看到的他完全和想象中的安思远不同，他是真正的美国人，高挑的身材，金发碧眼，颇有风度，很像美国西部片中的男主角。我们在他那间布置典雅，摆满东方文物的客厅中落座，我先介绍自己，并转达了启功先生的愿望。安思远先生听我说完后，告诉我，他的很多朋友都认识我，所以他很高兴我们的到访，他还说他也知道启功先生是中国最著名的书法家和绘画鉴定家。他认为只有中国人才真正了解《淳化阁帖》的价值，而且他收藏的《阁帖》不是三卷，而是四卷。随后，安先生问我是否愿意看看他的收藏，这正中我的下怀，我马上表示十分荣幸。安先生领我们参观了他每个房间的陈设，他的家几乎就是一座博物馆。地上铺的是中国清代织有瑞龙图案的宫廷地毯，唐代石刻思维菩萨栩栩如生地坐在依墙的条几上，色彩鲜活的元代道教壁画嵌在墙上，长条茶几上摆着东汉的一组青铜车马，唐代的陶俑静静地站立在门旁，明清绘画几乎随处可见，多宝格中清代单色釉瓷器件件是精品，室内的每件文物都摆放得恰到好处，再加上中国古典家具的衬托，我恍如置身在中国一座极尽豪华而又高雅的住宅中，但心里却感到丝丝隐痛。这些精美的文物本应陈设在中国，不管是历史的还是现实的原因，都说明中国文物的流失是十分严重的。安先生如数家珍地向我介绍着每件文物的出处，他指着依墙而立的宋代木雕菩萨告诉我，这是他19岁时收藏的第一件中国文物。中国艺术品无以伦比的魅力深深地印在他的心灵中，使他一发不可收拾地喜欢上它们并从此改变了他的一生。从19岁开始至今已有五十多年，安先生成为西方从事中国艺术品交易最有影响的商人之一。

安先生特意为我拿出宋刻《淳化阁帖》，看到这几卷历经千年而又流失海外的国宝，我真是激动万分，启功先生那句"不看到宋刻本《淳化阁帖》，我死不瞑目"的话在我脑海中再次响起。翻看着《淳化阁帖》，看着书圣王羲之那龙飞凤舞，浑然天成的法书真迹拓本，先人那种随心所欲、出神入化的风采和对中国书法艺术深厚的领悟，使我感到一种从未有过的震撼，看着这四卷《阁帖》我的心情久久不能平静。

安思远先生坐在我的对面一直默默地看着我翻看《阁帖》，待我将四卷都看完，安先生说："我没想到中国人这么欣赏这件法帖，在美国没有人重视它，他们都认为这是印刷品，就和邮票一样，没什么价值。我看您这样看重这件法帖，我很高兴，我愿意将它们带到中国去，让启功先生看，让真正欣赏它们的人看。"接着安先生又说："我也可以将《淳化阁帖》让给你们，但不是无偿的，我们可以交换，我可以不要等价，我认为这件文物应该回到中国，由你们来保管它。"我当即表示非

124

常感谢安先生的好意，并代表启功先生向他致意。我问安先生对交换这件文物有没有目标，安思远说他愿意用《淳化阁帖》来交换故宫收藏的清代朝珠。我允诺安先生回北京后，会尽快安排《淳化阁帖》来北京展览的事宜，并将交换文物之事报告国家文物局领导和故宫博物院。安思远先生也提出今后有关《淳化阁帖》与中国交换文物一事，他只希望与我一个人联系。

回到北京后，我专门向国家文物局领导汇报了有关情况。他们十分重视，很快与故宫博物院进行联系，请故宫选择可以交换的朝珠。我也向启功先生报告了办理《淳化阁帖》来北京展出的情况。启功先生得知此事，高兴极了，尤其是听说安氏还愿将《淳化阁帖》与其他文物进行交换，更是乐得手舞足蹈，一再说"这太好了，这太好了"。启功先生说："如果宋拓《淳化阁帖》能回归祖国，将是建国以来最重要的文物回归。"听着启老的话，我觉得这个艰巨的任务看来只能由我来完成，今生今世尽我之力，一定要将宋拓《淳化阁帖》带回祖国，以圆启功先生等老一辈书法大师的梦。

1996年9月，安思远先生如约携宋拓《淳化阁帖》四、六、七、八卷来到了北京，并在故宫博物院进行了展览，启功先生等一批国内顶级的书法家和研究人员对这四卷《淳化阁帖》进行了鉴定。启老更是仔仔细细地将每个印章、题跋都一一辨认，大家一致确认该四卷是宋刻宋拓的《阁帖》无疑。启老称赞这四卷真宋本《淳化阁帖》是"彩陶般的魏晋至唐法书的原始留影"。

北京的展览结束后，安先生又要将这四卷国宝带走，行前，他说："如果你们已经准备好了交换的朝珠，我这次就可以将这四卷《淳化阁帖》留在这里。"但此时交换的事情还没有太大的进展，我只好说："请您耐心地等一等，我们正在为您挑选合适的朝珠，一有消息我会通知您的。"安先生说："好，我可以等，我先将它们放在香港，如果您有消息，我可以马上让人将它们送回来。"

但是，不是所有的人都懂得《淳化阁帖》的价值，故宫对这次交换似乎不太积极。第一次挑选了三串档次较低的朝珠，我将所选朝珠的照片送给启老看后，启老专门给当时的国家文物局张文彬局长写了封信，启老特别写到：美国安思远先生所藏著名古帖拓本若干种，曾在故宫展出，观者甚多。经我国专门研究者共同鉴定，其中以宋拓

《淳化阁帖》第四、六、七、八卷共四册为海内孤本，在我国应列为一级文物(所展其余碑帖总和可抵此帖一册)，极值收藏。启老又写道：我故宫所存清代珠宝之属甚多，只有经济价值，而与历史文物无可并论。

张文彬局长接此信后又专门要求故宫博物院再行挑选可供交换的朝珠。我也专程和当时的杨新副院长到故宫的珠宝库房挑选。本来以为故宫所藏朝珠一定很多，结果确实可以选择的还真不多，好一些的都是典章制度中有记载的，不宜交换，其他的真是不够档次。我只好问安先生可否改换其他文物，安先生提出好的翡翠也可以，但故宫第二次提供的一部分玉雕安先生仍是不太满意，最后安先生提出可用故宫收藏的家具交换，也未能成功。

借助《淳化阁帖》，我与安思远先生建立了良好的关系，每次去美国都会去拜访安思远先生。我们谈的最多的是中国文物的保护问题，是中国现行文物政策如何能阻止中国文物的被盗与流失问题。在与安思远先生的交往中，我发现实际上他是十分热爱中国的，他不止一次地对我说："是中国艺术品给了我一切，我愿为中国做一些事。"

2000年3月，一件出土于河北曲阳五代王处直墓的被盗石雕出现在纽约苏富比拍卖行的春季拍卖目录中，我国有关专家向国家文物局紧急报告，国家文物局通过有关部门向纽约国际刑警组织报告了此案，国际刑警组织与苏富比拍卖公司联系并阻止了这件被盗文物的拍卖。《纽约

挚爱与奉献

——我所参与的中国文物对外交流

2000年，与启功、安思远摄于北京

时报》也及时报道了这个消息。

此事公开后，美国佛利尔博物馆东方部主任苏芳淑女士给我打来电话说：安思远先生让她告诉我，最近从《纽约时报》的报道中知道苏富比拍卖的河北五代王处直墓中的石雕是被偷盗的，他很震惊，因为几年前他在澳门也买过一块类似的石雕，但他不知道是被盗文物。现在他愿将这块石雕无偿捐给中国政府，不知中国政府是否

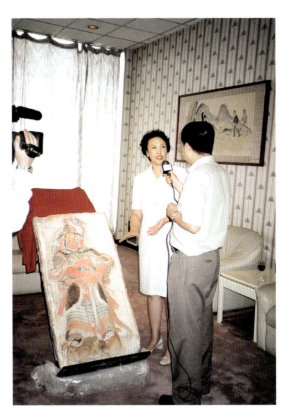

在纽约总领事馆接受中央电视台采访

2000年，在中国驻纽约总领事馆参加接收五代石雕仪式上合影

接受。我立即向国家文物局领导进行了汇报，并致电安思远先生，对他向中国政府捐赠被盗文物的意愿表示感谢。

2000年6月，我和董保华副局长参加了在美国旧金山举行的"中国考古黄金时代展"开幕活动后，专程赴纽约参加中国驻纽约总领事馆举行的安思远先生捐赠给中国政府中国流失海外文物的交接仪式。我们第一次看到了这件来自河北曲阳五代王处直墓的石雕。这件石雕通体彩绘，高113.5厘米，宽58厘米，厚11.7厘米，雕刻的是一位威武雄壮的武士，冠上是一条口中含珠的蟠龙，武士足踏卧鹿、身着甲胄、手握利剑、双目炯炯有神，恰似呼之欲出的天神。我们都被先民这种娴熟流畅、鬼斧神功般的雕刻技艺所折服。也为这件失而复得的瑰宝又可重归祖国而庆幸，更为安思远先生对中国的友好情谊而感动。

6月25日我和董保华副局长护送石雕回到了北京，根据安思远先生的愿望，将这块彩绘武士石雕捐赠给中国历史博物馆永久收藏。中华文物交流协会也特别授予安思远先生名誉理事的称号。同年10月，安思远先生专程来北京，出席了中国历史博物馆为他颁发捐赠证书的仪式。面对那尊珍贵的石雕武士像，安思远说："如果没有我和这位杰出女士的友谊，我也不会将这尊石雕送回中国。"

2001年11月，安思远先生邀请我去安徽黄山参加他赞助修复的四座明代民居的竣工仪式。安思远先生从1991年第一次到安徽黄山，就被皖南地区淳厚的民风、古朴的建筑所吸引，同时也对那些年久失修濒于倒塌的建筑心急如焚，他下决心用自己的力量去抢救这些历经沧桑的古代民居。当他得到安徽省文物部门的支持后，立即在香港成立了抢救安徽民居的基金会。他自己带头捐款，并很快就将第一笔修复费用寄达安徽省文物部门，开始了皖南民居的修缮工程。十年来，在安思远先生的支持赞助下已修复了四座极有保护价值的明代民居，其中保伦阁、郑家祠堂都是国家级文物保护单位。

11月7日我们参加了修缮完毕的第四座民居——老屋阁的竣工典礼。老屋阁和其他三座民居一样地处偏僻，这里没有平坦畅通的道路，也没有中外游客的喧嚣，我们的车在泥泞中颠簸了一阵后才到达那个小山村，一下车我们就被震耳欲聋的锣鼓声和全村老少的欢迎所包围，安思远先生是这里最受欢迎的外国人，十年来他多次到皖南来察看修缮工程，挑选应该马上抢救的民居，所以当地的老百姓都认识这位金发碧

挚爱与奉献

——我所参与的中国文物对外交流

2001年，在安思远修复的民居前合影

2001年，安思远参加安徽民居峻工典礼

眼、来自大洋彼岸的美国老人，从当地人的眼睛中我看到的是一种纯朴和出自内心的感谢。

我们又专程去参观了已经修复好的长春社、保伦阁和郑家祠堂。安先生在每座修葺一新的民居中，如数家珍般地向我们介绍着修缮的情况：那根柱子换了，那根梁加固了，那个屋顶重新翻修了……他熟悉每座民居的一砖一瓦，这几座民居倾注了他十年的心血，已成为他的精神乐园。看着他兴奋、陶醉的样子，在场的每个中国人无不为之动容。我在想一位72岁的老人，一位靠腰间钢板支撑着身体，每走三五十步就要坐下休息的美国老人，默默无闻地在远离城市，鲜为人知的皖南小山村中修复中国的古老民居，他到底图的是什么，我接触过很多有钱人，他们也愿帮助中国的文物保护，但前提是选择在世界著名的、有影响的项目，像安先生这样的的确没有见过。

当天晚上，在黄山宾馆的咖啡厅，我和安思远先生谈了很多。安先生说："我的一切都是中国给的，我也要将一切还给中国。我身体越来越差，我该考虑身后的一些事了。安徽民居的修复我还要继续下去，总之我希望能多为中国做一些事，《淳化阁帖》我不会给日本人，早晚会让它回到中国。"

2002年5月，我应邀赴圣保罗洽谈赴巴西举办中国文物展的有关事宜。在途经纽约时，我又一次拜访了安思远先生，我们再次谈到《淳化阁帖》，我提到中国的博物馆还是希望收回这件文物的，但交换看来是不行了，我们也想知道这件文物的出让价格。安先生说："这件文物已经有很多人表示愿意收购，我给他们的开价都是600万美元，如果中国政府买是550万美元，如果您王立梅出面买那就是450万美元。"我表示将把这个价格报给国内有关部门考虑。

也就是在这次，安思远先生又将一件西周青铜器"归父敦"送还中国。安先生告诉我说，在整理他收藏的青铜器时，发现这件"归父敦"就是中国《文物》月刊1985年第6期中刊登的河北唐县出土的那件文物，说明是被盗文物。这是他前些年在香港市场上买的，他愿将这件文物捐赠给中国政府。我回国时，将这件青铜器带了回来，现已交给中国历史博物馆收藏。

应美国亚洲学会的邀请，我将于2003年4月初赴纽约参加"中、日、韩文物出口政策研讨会"，并在会上介绍中国关于文物出入境的

挚爱与奉献

——我所参与的中国文物对外交流

相关法规和追索被盗文物的情况。行前的3月底，我赴上海参加"国际博物馆馆长高层论坛"期间，上海博物馆汪庆正副馆长、顾祥虞副馆长知道我即将去美国开会，和我谈到上海博物馆想收回《淳化阁帖》已有十几年了，并且也托了很多人，如董建华的妹妹董建平、贝聿铭的妹妹贝伯蒂、大收藏家范季融及北京某拍卖行负责人，但都没有办成。这次我赴美，可否代表上海博物馆和安思远先生谈一谈，如果价钱合适，上海博物馆准备买回来。汪副馆长并告诉我资金已全部准备好，只要能谈下来，上海博物馆可以马上付款。我表示将尽力争取办成这次收购宋拓《淳化阁帖》的任务，并将国宝带回来。

在此之前，北京的一家拍卖行知道我与安思远先生有很好的关系，也专门找我希望能帮助他们将《淳化阁帖》买回来。但我知道如果经过拍卖行，价格肯定会成倍的翻上去，就像以往国家买回的某件文物那样。《淳化阁帖》的最终归宿只能是中国的博物馆，国家用来抢救流失文物的钱本来就很有限，再增加国家的负担，增大博物馆的开支，我于心不忍，所以我断然拒绝了那家拍卖行的要求。拍卖行的总经理不无遗憾地说："我以为你已经退休了，立场应该转变了，没想到你还是站在国家的立场，你就不考虑自己的利益。"

离京前我和文物出版社的苏士澍社长专程去拜望启功先生，我告诉启老这次我赴美要争取将《淳化阁帖》带回来，否则世事难料，《阁帖》有可能流入他乡。启老十分支持我的想法，他老人家始终认为这件国宝应尽早回归祖国。苏社长还将文物出版社刚刚印制，精美得几可乱真，但还来不及装订的《阁帖》第六卷托我带给安思远先生看看。苏社长说：待其他几卷全都印制好，再送给安先生一套，这样真的回来了，复制的还可以给他留作纪念。

2003年4月7日晚，在纽约安思远家我明确地向他提出我们准备收购《淳化阁帖》，希望他给我一个合适的价格。安先生告诉我，最近半年多来有六七批人来找他表示要买《淳化阁帖》，其中除了中国的几家拍卖行、中国的一位著名电影导演外，还有日本人和比利时人。安先生说很有意思的是，有的买主根本不懂这是件什么东西，但就是要买。安思远十分感慨地向我讲述了他第一次发现《阁帖》的情况。安先生说那是在上个世纪60年代，他路过香港一家小小的化妆品商店时，看到在橱窗里放着几把中国折扇，这几把扇子和所卖的化妆品是风马牛不相及那样的不协调。安思远十分好奇地走进商店，商店里只有一位小姐，安先生让小姐拿给他看那几把扇子，扇子上面写的都是书法。于是安先生问这位小姐为什么会在化妆品商店里陈列着扇子。这位小姐说这些扇子是她父亲的，她父亲喜欢收藏中国的书法。安思远马上想到一定是位收藏家，立刻说他也喜欢中国的文物，能不能认识一下她的父亲，这位小姐答应了安先生的请求。就这样安思远认识了当时香港碑帖收藏家李启严先生。在李先生家，安思远第一次看到了宋拓《淳化阁帖》第四卷，也是第一次了解了《淳化阁帖》在中国书法传承中的重要地位。安先生说他完全被中国书法艺术的内在魅力所震撼，虽然他一个中国字也不认识，但他知道这些符号代表的是高深的中国传统艺术，是世界上任何其他文字不能传达的艺术。李启严先生看到安思远对中国书法如此崇敬，又介绍他认识了另一位收藏着《阁帖》六、七、八卷的收藏家。就这样安思远与《淳化阁帖》结下了不解之缘。1967年前后，两位《阁帖》的收藏家都移居到了加拿大，从此以后，安思远与这两位先生失去了联系。这以后安思远一直忘不了《阁帖》带给他的那种艺术的震撼，千方百计地寻觅着那两位收藏家。直至1992年在纽约克利斯蒂拍卖行拍卖李启严群玉斋藏法书墨拓时，安思远才知道李启严已故去。在这次拍卖会上，安思远购买了李氏收藏的怀素《大草千字文》墨拓。这也是安思远收藏中国碑帖的开始，也是克利斯蒂拍卖行首次拍卖中国法书碑帖。这一刻安思远知道《阁帖》快浮出水面了，他密切地观注着拍卖行的动向。果然，1994年在纽约克利斯蒂的春季拍卖会上，《淳化阁帖》第四卷出现了。安思远毫不犹豫地竞拍到了《阁帖》第四卷。1995年秋季，由台湾的收藏家吴普心收藏的《淳化阁帖》第六、七、八卷出现在纽约克利斯蒂拍卖目录上，安思远欢喜若狂。虽然当时他的手头也很拮据，但总觉得自己苦苦寻访了这么多年，如果这次不买到手以后可能就没有机会了。当时他是靠借钱把这三卷《阁帖》买下来的。为此安先生十分得意，他告诉我，据记载残存的这四卷宋刻《淳化阁帖》，五百年来一直是在不同的收藏家手中，而他是五百年来第一个将这四卷《淳化阁帖》收藏在一起的人。

讲完这段收藏《淳化阁帖》的经历，安思远说："我只希望《淳化阁帖》回到中国。"他认为只有中国人才真正懂得《淳化阁帖》的价值，只有中国人才会把它看作国宝。安思远说："所以我对日本人开的价是1100万美元，对其他中国人开的价是550万美元，但我发现你们中国的拍卖行也不都是为了买回到中国。据我了解有一家拍卖行就是准备把这件文物卖给比利时人。我知道您是为国家买，我给您的价格仍然是450万美元。"

我听完后，先向安先生表示感谢，但也强调中国用来买文物的钱也是很有限的，希望安先生能再降低一点。安思远对我说："这450万美元我真正拿到手的并没有多少，首先要缴联邦税，再交所在州的税，再交所在城市的税，加起来应占60%以上，同时为收藏这四卷《淳化阁帖》，我用了8年的时间，一直跟踪、密切接触两位收藏家，直至将它们都收到我的手中。对帮助过我收藏这四卷《阁帖》的三位先生，我这次都要给他们钱，余下的钱我还会拿出一部分继续修复安徽的民居。"

当天晚上我给汪庆正副馆长打了电话，汇报了会谈的情况。汪副馆长希望再与安先生交涉一下，能否再降一下价，以捐赠的形式把《阁帖》交给上海博物馆，上海博物馆也以奖金的办法付款，这样能否免税?我答应再与安先生谈一谈，并告诉汪副馆长，我和安先生已约好4月9日再见面。

4月9日上午我正准备去见安思远时，接到汪副馆长的电话，他说："我们考虑用捐赠的方式也许运作的时间太长，为了避免夜长梦多，我们接受450万美元的价格，你这次把东西带回来吧。"

于是我通知安思远先生，我们接受这个价格，并提出希望这次我能将东西带回去。安先生表示同意。当天晚上，在安思远家，我对四卷《淳化阁帖》进行了验收。安先生告诉我，自1996年秋天在北京展出后，他再没打开过这四卷《阁帖》。为了我携带方便，他又专门找了一个旅行包。这是一件极其珍贵的文物，按安思远先生的说法："如果其他人不先交200万美元，我是绝不会让他动的，但对你，我是绝对信任。"但我考虑这毕竟不是一般的东西，虽然安先生信任我，可我也应按规则办事。在这之前，我也就此事与北京歌华集团总经理王建琪联系过，并得到王总的支持，他表示歌华驻美办事处可以做担保。我向安思远表示了北京歌华集团驻美办事处可作为这件文物的担保公司，回国后，我们将在一周内将款项打到他的账户上。安先生表示同意，并将他的账号交给我带回。

4月11日上午，冒着大雨，我和在纽约的两位好朋友尚瀛姐和小翁一起去安先生家，将已包装好的《淳化阁帖》取走，然后直赴机场。

我是乘民航CA982航班回国的，当时受到SARS的影响，去中国的客人不多，周三的航班取消了，那天的航班是两个航班合并的旅客，几乎满员。尚瀛姐特别找了她在民航办事处的朋友温小姐，请她把我调到一等舱。我将所有的东西都托运了，手里只拿着放文物的旅行包。飞机晚起飞一小时，尚瀛姐和小翁就一直陪着我在休息室等候，一直到我顺利过了安全检查，他们才放心地离去。我在纽约的三位好朋友梅缵月、殷尚瀛和翁晋兴都是极可信赖的朋友，我在美国办理许多事情都得到他们极大的帮助，这次我能顺利地携带《淳化阁帖》返回祖国，他们的帮助是至关重要的。

手里提着这不显眼的黑帆布旅行包，我从容地登上了祖国的飞机，这下心里真是踏实了，一股热流在我心头涌动，双眼饱含着眼泪，心里默默地念着：八年了，我终于为启老实现了他的、也是我的梦想，把《淳化阁帖》带上了回归祖国的旅程。一路上我一点睡意都没有，生怕我的旅行包被人拿走，一会儿摸摸旅行包在不在，一会儿又瞧瞧旅行包被移动没有。空中小姐看我一直没睡一遍遍地问我有什么不舒服或有什么需要。她们哪里知道，我怎么能够睡得着，身旁放着价值450万美元的国宝，谁能安然入睡。

北京时间4月12日晚6点50分，CA982航班经过13小时的飞行，平安抵达首都机场。《淳化阁帖》真正回到了祖国。

第二天上午我给启老打了电话，向他老人家报告《淳化阁帖》已经永远回到了祖国，启老高兴极了，一再说"这太好了，这是真正的国宝回归呀！"

4月14日我将《淳化阁帖》送到上海博物馆，汪庆正副馆长和上海博物馆的六七位书画专家当晚进行了查验。汪副馆长用他收藏的20世纪20年代珂罗版印制的《淳化阁帖》与宋拓《淳化阁帖》一卷卷地进行查对，逐一对照每卷的印章、题跋。看到第七卷时发现少了三页，当时汪副馆长脸色都变了，大家都很紧张，马上查看第八卷，发现多了三页，正好是第七卷少的那三页，这下大家才放下心来。经过仔细地查看，验明正身，确认这四卷的确是宋代淳化年间的祖本。汪馆长长长地出了一口气，如释重负地对我说："一开始找不到南宋王淮的题跋，后来又少了三页，我心里真是急死了，好在都找到了，不然我就要给你买张飞机票送回去了。"我说："我可是一点都不紧张，我知道这四卷《阁帖》自从1996年在故宫展出后，再没有动过，直至我带回国，而国内的专家们早就逐页的鉴定过了，只是为了当时的展览将《阁帖》都一页页拆开了，所以才会出现顺序上的错误。"

启功先生得知《淳化阁帖》真正回到了祖国后，大喜过望，亲自接连写了两封信给汪庆正副馆长，以示祝贺。启功先生在信中这样写到：

庆正先生赐鉴：前闻王立梅处长已自美归国，并带来《阁帖》及安思远（藏者）坚持之价。不侫功。谨按我国书法为艺术一大宗，王氏羲之父子又为书艺之主流。今传世只有二三卷唐人钩摹之本，惟淳化所刻之《阁帖》为我国千秋学书者之模范。而自宋以来千翻百刻，欲见真宋拓原本，已如星凤。近百年来流传真北宋拓本，仅存三卷（有王铎题签），又有第四卷一卷（与三卷刻法拓工相同），足称国宝。安氏索价虽高，但仍表示全在我国保存国宝之面子上（四百五十万美元）。安氏又云中国有拍卖行争取要拍，美国大都会博物馆亦想要，安氏俱拒绝，以表示其重视我国收宝之面子。

《阁帖》之真伪聚讼数百年矣，宋代泉州翻本最多有"四十二泉"之号，其他拓本众不胜数。近年许多人推重尊馆所藏十卷本，我公法眼早已鉴其非北宋之本，在明四家中，略近翻刻，今见真宋本益足见其较晚也。近日"非典"传播猖狂，闭门谢客，追思国宝，略陈敝见，又深慨可谈此道者，已无几矣！

上海博物馆收回祖本《淳化阁帖》，完成了多年来几代帖学专家的文化夙愿。上海博物馆将《阁帖》视为国之瑰宝，并利用对最善本《阁帖》的研究，作为博物馆掀起中国研究帖学的一次盛会。2003年9月22日～23日，我应邀参加了由上海博物馆主办的《淳化阁帖》与"二王"书法艺术学术鉴赏会。国内外研究帖学和"二王"书法艺术的专家学者百余人出席了研讨会，会上专家们通过对各种版本《淳化阁帖》的研究和比较，高度评价了上海博物馆抢救回来的四卷最善本《淳化阁帖》在传承中华文明和"二王"书法艺术中的重要地位，及在弘扬中华文明中的重要贡献。

由于上海市政府和市委对国宝回归给予了极大地支持，将《阁帖》的研究和展示作为弘扬中华文明，振奋中华精神的重要活动。上海博物馆决定自9月23日开始对广大上海市民公开展示《淳化阁帖》最善本。展览的开幕式极为隆重，真可谓是高朋满座，除了来自国内外的帖学专家外，文化部和上海市领导也出席了开幕活动。上海文艺团体用欢快又极具民族特色的歌舞来祝贺《淳化阁帖》的回归。开幕那天，在博物馆的广场上，两百余名中小学生现场挥毫，场面着实壮观。看着孩子们认认真真地一笔一画地书写着中国字，虽然他们的字体还略显稚嫩，但我看到了孩子们对祖国文化的热爱，看到了祖国下一代传承中华文明的希望。

《淳化阁帖》的展览受到上海市民的极大关注，大家都到上海博物馆争睹《阁帖》中王羲之的墨宝风彩，一时间上海博物馆门口，又排起了蜿蜒不绝的长队。碑帖过去称为黑老虎，除了真正的行家懂得欣赏外，一般人是很少问津的，所以博物馆很少展出碑帖，而黑老虎的专场展览更是少之又少。但这次《淳化阁帖》的展出居然这样受欢迎，每天几千观众涌入展厅，在每个展柜前细细体会那穿越时空的古代书法大家的神韵。短短一个月的展出，《淳化阁帖》的参观人数达16万人次，这真是让人始料不及的。说明上海市政府和上海博物馆在传播和继承祖国古老文明方面做的工作，影响是深远的，也会激励中国其他城市的博物馆，为抢救海外遗失文物而努力。

安思远先生也专程由美国纽约赶到上海参观展览，在展厅中坐在轮椅上的安思远先生感慨万千，他对我说："看到这样多的人来看《淳化阁帖》，我真高兴，这也了却了我多年的一桩心事，我将《淳化阁帖》送回来就是希望让更多的中国人看到《淳化阁帖》，让更多的中国人知道中国古代书法家对中国古代文明的传播有多大的贡献。"

上海举办的围绕《淳化阁帖》的一系列活动使我十分感动，也十分庆幸《淳化阁帖》是由上海博物馆来收藏，只有上海博物馆才会这样重视《淳化阁帖》，也只有上海博物馆才能真正利用《阁帖》的研究，起到弘扬中华文明，传承中华文化的作用。

上海博物馆为表彰我在抢救《淳化阁帖》中所作的贡献，特颁发给我50万人民币的奖金，我没有接受。我要求上海博物馆将这笔钱作为《淳化阁帖》的研究和保护经费。虽然从《淳化阁帖》回国那天起，我就经历了种种莫明其妙的指责和困惑，这曾使我愤怒和不解。但这些对我都不重要，重要的是我为我的祖国和人民，为我终身挚爱的中华文明做了一件应该做、也值得做的事情。

挚爱与奉献

——我所参与的中国文物对外交流

北齐佛造像回归记

1976年山东省博兴县张官村农民在挖沟时出土了一尊北齐石刻菩萨立像。这尊菩萨石造像造形奇特，头部有圆背光，正面有蝉形冠饰，造像高120.5厘米。张官村的农民挖到这尊佛像后，看到后面又圆又厚的背光，正好可以当个石饭桌，正当这位农民准备锯背光时，被闻讯赶来的博兴文管会的干部制止了，由博兴县文管会收购并收藏起来。1994年7月初一个月黑风高的夜晚，这尊佛像再次遭劫被犯罪分子盗走。

2000年6月，美国《纽约时报》刊登了一则消息，报道了在日本滋贺县MIHO博物馆收藏的一尊北齐佛造像，是中国山东博兴被盗文物。这则消息引起了国内外有关人士的关注，国家文物局也专门与山东省进行了联系，了解佛像被盗的情况。

同时《纽约时报》的记者也专门给我打了电话，希望了解中国政府的态度。我当时对情况并不了解，但有一条是清楚的，那就是凡是有确凿证据的中国被盗文物，中国政府一定要收回。

八月份我将参加中国文物代表团赴东京参加"世界四大文明——中国文明展"的开幕活动，为此我向张文彬局长提出："山东博兴被盗文物一事国内外都报导了，我们不能置之不理，这次我想去滋贺县MIHO博物馆和日方谈一谈，一定要解决这个问题。"同时我也将美国友人安思远先生向我提供的一个案例：美国一家博物馆在不知情的情况下收购了一件印度的被盗佛像。印度博物馆向美方提出归还的要求，后经协商达成一致，佛像主权归印度，美国借展十年。我提出我们可以参考这个案例的解决办法。张局长同意我的意见，并要求我行前做好充分的谈判准备。

日本MIHO博物馆是一个叫神慈秀明会的宗教团体建造的博物馆。始建于1997年，据说MIHO博物馆是全世界最漂亮的博物馆，光博物馆的建造费就花了五亿美元。神慈秀明会有三四十万会员，崇尚艺术，小山弘子女士是神慈秀明会的会长。

鉴此，我先给MIHO博物馆的负责人小山弘子女士写了一封信，告诉她我希望在八月初在MIHO博物馆与她见面，谈一下山东博兴出土的佛像问题。很快就收到小山弘子女士的回信，她表示欢迎我去MIHO与她会面。

八月初在东京参加完"世界四大文明——中国文明展"开幕活动后，我和中国文物交流中心副主任杨阳、北京友好翻译公司的孙晓燕等如约抵达京都。因为MIHO博物馆建在京都附近的滋贺县的山中，所以MIHO博物馆专门派车到京都火车站接我们。汽车离开京都市后，沿着蜿蜒不断的山路一直向上爬，道路两边都是茂密的树林，层林叠翠，景色美不胜收，我们在山上走了近一个小时才来到一片开阔的地带，这就进入了MIHO博物馆的范围。在深山老林中这片白色的建筑很是醒目。下车后，我们在MIHO博物馆人员的陪同下继续往上走，原来这片白色建筑仅是博物馆的服务中心。陪同我们的先生向我们介绍这个博物馆是由世界著名的美籍华人建筑师贝聿铭先生设计的，贝先生的设计理念是源自于陶渊明的著作《桃花源记》，寓意这里是世外桃源。日方的陪同人员又介绍说我们走的这条路就叫桃园大道，本来两旁应该种桃树，现在两边栽种的都是日本的国花——樱花。在桃园大道的尽头是一个深邃的隧道，走进这座隧道才发现整个隧道是由不锈钢建造的，百十米的隧道宽敞高大，一盏盏镶嵌在铜墙铁壁上的灯光宛如佛龛的长明灯，柔和的光环使隧道内弥漫着静谧和安详，让人感到一种少有的安宁。走出隧道，眼前豁然开朗，那是一种"山穷水尽疑无路，柳暗花明又一村"的感觉。一座连接隧道的吊桥大有"一夫当关，万夫莫开"的架势，吊桥下是葱绿的万丈深渊。在对面山坡万树丛中我们看到了这座独具匠心、充满了东方韵味的MIHO博物馆。

小山弘子女士和博物馆馆长井上裕雄先生在大门口迎接我们，第一次见到小山弘子女士，她那种发自内心的平和和友善使我感到十分亲切，似乎我们早已相识。

我们在小山女士的陪同下参观了博物馆。我们先来到博物馆的大厅，大厅对着山的一面全部是玻璃，我们走到玻璃门外的大阳台上，有一种登山远眺的感觉，连绵不尽的山峦，浓翠欲滴的林海，整个空气中充满了沁人心脾的树香、草香和花香，大自然的美使人感到心旷神怡。MIHO博物馆就在这郁郁葱葱的群山包围中，就像万树千峰中璀璨的一颗明珠。看着这使人飘飘欲仙的美景，我理解了贝聿铭先生为什么会用陶渊明《桃花源记》的理念来建造博物馆，这是大自然给予他的灵感，而贝先生用这灵感和大自然结合起来，为人类创造出了这座从未有过的、如此美轮美奂的博物馆，真可以说是世外桃源和人间仙境了。

步入博物馆的展厅同样给了我们不小的惊喜，这里真是东西方文化艺术的殿堂。展厅分两大区域，北区是日本的艺术品，南区是埃及、两河流域、古罗马、古希腊、亚洲和中国的艺术品。在埃及馆除了法老时代的石雕外，镶金嵌银的赫鲁斯神像堪称绝品，而公元前三千年前的木雕和各式青铜神像也同样弥足珍贵。亚述宫廷的人面兽身石雕神像、古波斯的金器、古罗马的壁画都使人流连忘返。

在中国馆，看到了那尊牵动我们心魄的佛造像，那硕大的圆形背光上雕刻着莲花瓣，飘逸舒展的衣纹和流畅乱真的璎珞，我凝视着那充满睿智微微带笑的面容，心里默默地说，"放心吧！我们一定会让你重新回到自己的家园。"

在博物馆的会议室，我们开始了谈判。首先我感谢小山弘子女士和博物馆各位对我们的接待，同时我也开门见山地讲明，我这次来主要是为解决《纽约时报》所报导的那尊被盗佛像的回归问题，因为这尊佛像确有证据是山东博兴1994年7月4日夜里被盗走的。

小山弘子女士先请博物馆的顾问崛内良纪将这尊佛像收购的情况介绍给我们，崛内良纪先生也是替MIHO博物馆收购文物的主要的艺术品商人，他介绍说这尊佛像是1995年在英国伦敦通过大古董商J．E．Eskenazi买的。在买以前还专门查阅了联合国教科文组织文物被盗目录，在那个目录中没有这件佛像的任何记录。所以在《纽约时报》报导前，MIHO博物馆并不知道这件文物是从中国博物馆中被盗走的。

我对日方说，因为你们不是这件文物的偷盗者，也不是盗运走私者，更不是非法销售者，而是在不知情的情况下收购了这件文物，是善意的持有者。但对于一个新兴的博物馆，收藏被偷盗的文物是不光彩的，也是国际博物馆的职业道德所不能接受的，这对贵馆的名誉是极不利的，所以我们和你们都是被害者。我们应该承认在这件事上也有不妥之处，一是在文物的保管上存在漏洞，使文物盗窃犯能够得逞，二是在文物失窃后，没有及时向联合国有关组织申报，这对我们也同样是个教训。

日方听我并没有责怪他们，把他们也当成受害者，反而检讨中方的不足，谈判开始时那种拘谨的气氛一扫而光。小山弘子女士说："非常感谢您刚才的谈话。的确我们是在不知情的情况下买的这尊佛像，我只是觉得她很美，是件艺术品。看了《纽约时报》的文章我才知道这尊佛像是盗自山东博兴的博物馆，这对我们一个新建的博物馆的确是件很不好的事情，我们也不知应如何来解决这个问题。"

我马上说："我们可以把这件事解决掉，变坏事为好事。"我例举了美国和印度的案例。我又说："这是个很好的例子，和我们双方目前的情况很相似，我们也可以采取同样的做法，即你们把这尊佛像的主权归还中国，我们为补偿你们的损失借给你们展出若干年。这样中方丢失的文物失而复得，你们也可以在国际博物馆界给同仁们留下一个遵守职业道德的好名声，而这种名声是金钱难以买到的，贵会崇尚美，而这就是美德。"

小山弘子和其他日本人听完我的发言后互相商量了一下，小山弘子女士说："我们原则上同意您的意见，但这件事要和我们的律师研究，我们希望能圆满解决，今后我将请崛内先生代表我继续和您会谈，找出最终解决这个问题的办法。"

我表示同意，并且再次感谢小山弘子女士这种从大局出发，从中日两国的友谊出发的态度。

第一次谈判就这样结束了，说真的这是出乎我的意料的，真没想到会这样顺利，毕竟MIHO博物馆是花了近百万美元买得佛像，而且是在正式的古董店里买的，不管怎样他们是合法收购的。这说明小山弘子女士领导的神慈秀明会和MIHO博物馆对中国是友好的，是恪守博物馆职业道德的。

回到北京后，我将谈判情况向局领导进行了汇报，根据张文彬局长的意见，进一步与日方进行沟通，力争尽快将文物所有权妥善解决。

8月21日，日方代表崛内纪良专程来京，与我就佛像回归一事进行了第二次谈判。崛内先生转达了小山弘子女士的意见：第一，MIHO博物馆愿意将佛像主权还给中国；第二，主权还给中国后，MIHO博物馆再借展7~8年；第三，双方共同召开新闻发布会说明MIHO博物馆是善意持有者，是在不知情的情况下购买的被盗文物，在知道是被盗文物后愿意归还给中国。我表示这三条中方都可以同意，同时感谢小山弘子女士在这样快的时间内做出了这样的决定。崛内先生表示这要牵扯到很多法律，所以日方的律师正在准备有关文件。

在这以后，崛内先生几乎是每个月来一次沟通双方的意见，据崛内先生讲日本其他博物馆对MIHO博物馆准备将佛像归还中国基本上都持反对意见，因为在日本收藏中国文物的博物馆很多，而且这些博物馆收藏的中国文物来路都说不清。他们惧怕MIHO博物馆的做法会影响到他们自身，所以极力反对MIHO博物馆将文物归还中国。这些博物馆还特别提醒MIHO博物馆，日本政府不是联合国教科文组织1970年《关于禁止和防止非法进出口文化财产和非法转让其所有权的方法的公约》的签署国，日本可以不执行这个公约。但小山弘子女士不为所动，坚持要将中国的文物主权归还中国。在借展时间上，小山弘子说十年内归还，也可以是三四年归还，这主要是回报王立梅女士专程来MIHO解决问题，而且王女士态度诚恳，值得信赖。

就这样，双方在充分信任和友好的基础上，经过近半年、多次交换意见，一步步地接近了最后解决问题的时间。2001年2月15日，我们双方最后商定4月16日在MIHO博物馆正式签定协议，将佛像主权无偿地正式归还中国，为补偿MIHO博物馆的损失，国家文物局同意将北齐佛造像借给MIHO博物馆展出至2007年。

2001年4月14日我和法规处处长王军、外办翻译朱晔、山东省文化厅文物处处长由少平专程为签定协议飞抵日本。第二天我们和日方又逐字逐句地核对协议文本，在双方互相理解的精神下，很快就确定了协议文本。

4月16日上午我们再次来到美丽的MIHO博物馆，这时正值樱花怒放的季节，桃园大道旁的八重樱千姿百态、婀娜多姿，似乎在欢迎我们的到来。

在MIHO博物馆的会议室，我们又见到了小山弘子女士，为感谢小山弘子女士对中国的友好情意，我代表国家文物局将一幅精心挑选的苏绣送给她。这幅苏绣上绣制的是一个插满了桃花的花瓶。小山弘子对中国精湛的刺绣赞不绝口，尤其是花瓶里那枝鲜艳欲滴的桃花，更是让小山弘子女士觉得这是来自桃花源里真正的桃花。

在中方来宾和MIHO博物馆各位的见证下，日方代表小山弘子会长，中方代表由少平处长共同签署了日本MIHO博物馆将其收藏的中国北齐佛造像所有权归还中国的协议。

签字仪式结束后，我们共同来到展厅，这尊所有权已归还中国的北齐佛像的说明牌上已明确地写上借自中国山东博兴。我和井上馆长在佛像前又一次的握手，庆贺中日双方圆满解决了北齐佛造像的问题。来自世界各地和日本的媒体将这一重要时刻用他们的镜头记录下来。我和同

2001 年 4 月 18 日，在 MIHO 博物馆与小山弘子合影

2001 年 4 月 18 日，山东省文化厅由少平与小山弘子签订协议

2001年4月18日，中日双方人员在北魏佛像前合影

2001年4月18日，在日本 MIHO 博物馆的新闻发布会上

2001年4月18日，在日本MIHO博物馆签字仪式后的新闻发布会上

伴们也十分激动地在这尊历经磨难、流亡他乡的佛像前拍照，将这历史性的时刻记录下来。

　　看着这尊优雅睿智、充满灵性的佛像，我心里再一次默默地对佛像说："佛啊佛，我终于完成了我向你的承诺，你已经回归祖国所有，现在你是中国文化的使者，回到家乡的日子很快就会到来。"刹那间我仿佛看到佛在对我点头微笑，我的眼圈里顿时充满了泪水，这是喜悦的泪水，是看到祖国的宝藏重归祖国的泪水。

　　下午在博物馆的报告厅，由MIHO博物馆的馆长井上裕雄先生和我一起代表日中双方召开了新闻发布会，三十多家新闻媒体参加了发布会。井上先生先介绍了这尊佛像的收购过程及双方签署协议的内容。我介绍了这尊佛像的来历和被盗情况，并且出示了被盗前1992年刊登在《山东画报》上佛像的照片和有关资料。我也介绍了这次与MIHO博物馆合作、圆满解决佛像归属问题的过程，再次强调MIHO博物馆是善意持有者，是在不知情的情况下购买了被盗的中国文物。但在知道情况后能与中方密切合作，无偿地归还中国文物的所有权，表明了MIHO博物馆作为一个国际知名的博物馆应有的职业风范，为此我代表中国国家文物局和山东省文物部门表示由衷的感谢。

　　中日双方顺利解决被盗文物归还所有权问题后，全世界各大媒体纷纷作了报导，美国《纽约时报》2001年4月18日用半版的篇幅作了报导，文章的题目是《日本同意归还中国一尊被盗佛教造像》，文中写道：在周一于MIHO博物馆举行的新闻发布会上，MIHO博物馆馆长与中国主管文物的官员签署了有关无偿归还中方佛造像所有权的协议书。……这份协议书友好地解决了长期以来令MIHO博物馆尴尬不已的问题。……但像这样皆大欢喜的结果是极为少见的，考古学家估计每年有价值百万美元的被盗艺术品被不知情的收藏家和博物馆所购买。……在协议中，中方允诺将采取措施提高文物的管理和安全保卫水平，并及时将被盗文物的信息通报有关国际机构。此外，协议还强调中方将对所有已知的被盗文物进行追索。MIHO博物馆则立誓今后购买中国文物前，将与中国文物部门沟通。

新闻媒体的报导也使全世界的文博界反响热烈，很多欧美博物馆的同仁们纷纷向我表示祝贺，他们都认为这件事处理得非常好，既表明了中国政府对被盗文物追索的决心，又说明了中国政府在解决类似问题上所采用的灵活可行的不同方式。

同时，这件事解决后，对世界各个博物馆、著名的拍卖行、大的古董商都有不同程度的震慑力，他们认识到中国政府对被盗文物严肃认真的态度。在此之后，很多著名的博物馆在收购中国文物前，都主动地将欲收购的文物资料寄给国家文物局，要求确认是否是被盗文物。世界上最著名的两个大拍卖行也分别与我们会谈，主动要求在上拍前将文物有关资料提交我们审核是否有问题。

2001年10月，在北京接待小山弘子时合影

通过交涉到解决北齐被盗佛像的归还过程，我也真正感到作为一名文物官员只有热爱自己民族的文化遗产，将国家民族利益放在第一位，才能不惧怕任何莫须有的指责和人为的无奈，才能义无反顾的去争取。任何困难都是可以解决的，任何的不可能都能转为可能。

当然在这里我还要再次感谢日本小山弘子女士对我的信任，和在处理这件事上所表现出来的对中国人民的友好情谊和维护和平真善美的品格。

小山弘子女士也是从这件事后，开始加强了对中国的交流。2001年，小山弘子女士率团首次访问了中国，国家文物局专门设宴款待了小山弘子等日本朋友，并感谢她对中国人民的友好情谊。小山弘子也表示今后MIHO博物馆再收购中国艺术品将先征询中方的意见，只有确认该艺术品不是被偷盗的中国文物才收购。

2002年11月我应邀参加了在MIHO博物馆召开的国际博物馆研讨会。在会上，来自阿富汗、埃及、美国、瑞士等十多个国家的代表，纷纷就MIHO博物馆与中国顺利解决被盗佛造像回归的事件表示赞赏，对MIHO博物馆小山弘子女士高尚的情操表示敬重。

2003年，小山弘子女士得知苏州正在建造的新博物馆经费紧张，主动捐款50万美元支持苏州博物馆的建设。

2001年2月11日，在MIHO博物馆与贝聿铭夫妇、小山弘子合影

挚爱与奉献

——我所参与的中国文物对外交流

第五篇

友情篇

在我从事文物对外交流的30年中，与世界很多国家的文化、文物、博物馆界及热爱中国文化的人士进行了交往。中国博大精深的文化，光辉灿烂的文明使我结识了不少的朋友，他们对中国文化的深刻了解和对中国的友好情谊使我和他们中的很多人成为好朋友，多年来这些来自不同地域和国家的朋友用他们的友谊和真挚，通过不同的方式给予了我支持和帮助。我也深深地感受到这些跨越时空和地域的支持和帮助对我是多么的珍贵，这些朋友和他们的友谊将永存我心。

我的英国好友杰西卡·罗森

杰西卡·罗森可是英国最有成就的女士之一，她现在是英国皇家科学院院士，英国牛津大学默顿学院的院长，也是西方最著名的中国青铜器和玉器专家。

杰西卡·罗森在担任牛津大学默顿学院院长前，一直在伦敦的大英博物馆，并负责大英博物馆东方部的工作。我和杰西卡·罗森认识时，她是大英博物馆的中国青铜器专家，二十多年来我们因为工作和业务的交往成为好朋友。

记得那是上世纪80年代初，杰西卡·罗森第一次由国家文物局接待，她专程来华考察最新考古发现的青铜器。当时她要求去的地方都是条件比较差的地区，如山西侯马、河南安阳、陕西周原等。我们还担心她能不能适应，但杰西卡·罗森一点都不在乎，不管是住在简陋的招待所，还是条件、设施都不怎么样的宾馆，她都无所谓，只要能看到青铜器就行。在参观中杰西卡·罗森对每一件青铜器都会认认真真、反反复复地研究，虚心请教中国的专家，并提出自己的观点和看法。当时来中国考察青铜器的国外专业人员并不多，而像她这样对中国的青铜器既有研究又平和谦虚的人并不多见。从那时起我对杰西卡·罗森留下了较深的印象。

从80年代开始，杰西卡·罗森多次来中国，她跑遍了中国的历史文化名城和重要的考古遗址，凡是有重要青铜器和玉器的博物馆，她都去参观过。她多次拜会在青铜器和玉器方面有造诣的中国专家，并

1994年与杰西卡·罗森在芝加哥美术馆合影

挚爱与奉献

——我所参与的中国文物对外交流

与他们共同探讨在中国青铜器、玉器研究方面的种种问题。中国专家们对杰西卡·罗森严谨的治学态度、对中国青铜器深厚的专业知识都给予了极高的评价。

杰西卡·罗森由于在中国青铜器和玉器研究方面的成就，使她成为西方最著名的汉学家之一。她的关于中国青铜器和玉器的著作，已成为西方研究中国艺术的必读之物。西方各国也都纷纷邀请杰西卡·罗森为其博物馆举办的中国文物展做顾问或是为展览图录撰写文章。近年来她更是西方在中国古代艺术研究方面赫赫有名的人物，凡是举办中国古代文化的研讨会、报告会等，如果杰西卡·罗森缺席，就会使会议大为失色，与会的代表也都觉得十分遗憾。

杰西卡·罗森也是一位极有职业道德并对中国十分友好的女士，记得在1987年，杰西卡·罗森在香港的一位陈姓私人收藏家手中看到四件商周时期的青铜器，不论器型纹饰都和安徽省博物馆收藏的商周时期的青铜器一模一样。杰西卡·罗森马上询问这位收藏家这四件青铜器的来历，香港收藏家告诉她，这四件青铜器买自香港的古董市场。杰西卡·罗森意识到这四件青铜器有可能是从安徽偷盗出来的走私文物，她毫不犹豫地给我们写了信，反映了这件事，并建议我们可以直接与香港的这位收藏家陈女士联系。

接到杰西卡·罗森的信后，有关部门立即与安徽省进行联系，确认这四件商周青铜器就是收藏在安徽省博物馆的四件被不法分子盗窃走私的商周时期的青铜器。

我们根据杰西卡·罗森提供的地址找到了这位收藏家，当这位收藏家得知这四件青铜器是被盗文物后，十分震惊，马上表示愿意无偿的将这四件商周青铜器捐献给安徽省博物馆。这四件商周时期的青铜器十分珍贵，均为一级文物，如果没有杰西卡·罗森提供线索，没有香港收藏家的深明大义，这四件珍贵的被盗文物是不可能失而复得的。

我和杰西卡的友谊源自于我们都酷爱文物博物馆事业，同时我们俩都属于对事业十分执着的职业女性，这使我们有很多共同的语言。多年来虽然我们见面的机会并不很多，却因所从事的工作，使我们保持着经常的联系。如中国文物部门在英国举办的文物展览"中国古代的人与神"、"中国的金龙"、"中国青州龙兴寺佛教艺术雕刻展"等或是有什么其他活动，杰西卡·罗森肯定担任英方的首席顾问，这样我们就会通过信函进行沟通，解决一系列有关展览或其他活动出现的种种问题。如果我们需要与英国的博物馆或文物部门联络交流时，杰西卡·罗森也会给予我们最直接的帮助。杰西卡·罗森十分关注中国的考古新发现，每当有重要的发现，她都会争取尽快到中国来实地考察，我也会尽量帮助她安排在中国的参观和学术交流。

由于工作的关系，我们也多次在国外的展览或是会议上见面。记得1982年我担任"中国国宝展"随展人员在布鲁塞尔工作时，杰西卡专程从伦敦飞到布鲁塞尔来看我，在异乡见到故友，我真的是很高兴，也很感动。我陪她一起观看了我们的展览，一起在布鲁塞尔的一家中餐馆吃晚饭，吃完饭杰西卡又匆匆赶往机场，搭乘最后一班飞机返回伦敦。后来我们也曾在美国的芝加哥、纽约、华盛顿和法国巴黎的中国文物展览会上欢聚过。每次在异国的相逢都给我们带来喜悦，这也可以说是缘分吧。

1994年杰西卡从60名候选人中脱颖而出，被任命为牛津大学默顿学院的院长，这也是默顿学院建院三百多年来的第一位女院长。这足以说明杰西卡在学术上的成就得到了英国最高学术部门的认可。

杰西卡刚入主默顿学院，恰逢我和中国文物交流中心的两位同事赴英国与大英博物馆签署赴英国"中国古代的人与神"的展览协议书。在伦敦的工作完成后，我们特别前往牛津大学默顿学院探访她。我们的到

挚爱与奉献

——我所参与的中国文物对外交流

1994年，在德国参加"人与神展"协议签字后与英国、丹麦、德国、瑞士代表合影

来，的确使杰西卡感到十分高兴，她陪我们参观了这座历史悠久的高等学府。尤其是默顿学院建于13世纪的图书馆，给我们留下了深刻的印象。在这座古老的图书馆里，书架上摆满了从13世纪以来保存的装帧的十分考究的书籍。这些书籍在漫长的几个世纪中目睹了人世间的变迁，一代又一代的学者走进这里，在这里寻访和吸取着先贤的智慧和知识，一代又一代的学者带着学识和智慧走出这里，将这些知识回馈给社会和下一代，周而复始。几个世纪过去了，这座图书馆仍保持着建馆时的原状和为学术服务的宗旨。我们不得不佩服几百年来英国历届政府对继承民族文化教育方面的重视和行之有效的法规，也不能不承认英国人民几百年来自觉的维护祖先文化遗产的素质。在这里我们真是自愧不如，我们同胞中那些数典忘祖的人曾使中华文明蒙受耻辱，我们自己的同胞破坏掉的文化传统不计其数，如果我们的历代政府和国民都像英国政府和国民一样维护自己的文化遗产，相信今天的中国将是世界上更具魅力的国家。

在默顿学院杰西卡的办公室里，我们看到她每天晚上吃饭必穿的一件黑色的长袍。她告诉我们，默顿学院是个很保守并严格恪守传统的学院，几个世纪来每天晚饭上至院长、下至学生都会在一个饭厅内共进晚餐，这是学院的一种大家庭的精神，而且每个人必须身穿黑色的长袍。

1994年11月，在牛津大学杰西卡家里穿上她的黑袍

我想如果不了解情况的人贸然进入饭厅，一定会认为是时光倒流或是以为在拍一部十七八世纪的电影呢。我还特别披上罗森院长的黑袍照了个相留作纪念。

在默顿学院的一面墙上，镌刻着默顿学院三百多年来历任院长的名字，现任院长杰西卡·罗森的名字也镌刻在墙上。我对杰西卡·罗森说："相信几百年后，你也会和墙上的那些院长一样活在默顿学院的学子心中。"

那次杰西卡特地在她的新家里宴请了我们，我们也是这座院长楼里的第一批客人。杰西卡住在专门为院长安排的一座三层小楼里，这是一座已有几百年历史的老住宅，具有典型的英格兰风格，和牛津大学整体建筑是和谐一致的，给人以厚重古朴的感觉。一楼是餐厅和厨房，二楼是客厅和书房，三楼是卧室。在客厅和书房里，杰西卡的书几乎占据了房间大部分的空间，杰西卡说，书是她最宝贵的财产，什么都可以丢，只有书不能丢。而且在这些书里，中国艺术类的书籍占有相当的比例。房子后面是一个很大的花园，我们去时已是秋季，可以看到花园已变成

挚爱与奉献

——我所参与的中国文物对外交流

2000 年 11 月，在牛津大学，杰西卡陪我们参观 13 世纪的图书馆

金黄色。在花园里，杰西卡告诉我，她很喜欢这座花园，每当她看书看累了，她都会到花园中走一走，使自己放松一下，有时她站在窗前看着花园里的树木和花草，也会觉得很惬意。

杰西卡担任默顿学院的院长后，学院的事务占据了她大部分的精力和时间，但她对中国古代艺术的研究仍是那样的执着、认真，对中国考古的新发现还是那样的关注。杰西卡·罗森作为英国皇家科学院的院士和默顿学院的院长，现在每次来中国都是由教育部和中国科学院接待，每次来华她都会抽时间和我这个老朋友见面，并和文物部门的同仁们聊聊中国考古的新发现和研究。杰西卡对中国古代文化的研究领域也越来越广，2001年，她专程来中国考察中国汉代的墓葬制度。为此她专门去山东、山西和陕西进行参观和考察。记得那次考察完，回到北京我们见面时，她对这次参观到这么多重要的文物感到十分激动，也对中国最新的考古发现表示由衷的祝贺。她一再说虽然在学院的工作非常忙，但她最热爱的还是对中国古代艺术的研究。中国古代文化太悠久了，一辈子都研究不完，又不断有新的发现，过几年不来就会吓一跳，所以不管多忙她都要争取每年能来中国一次。

杰西卡还告诉我，她掌管默顿学院后十分重视吸收中国的留学生，现在在默顿学院留学的中国学生人数已比过去增长了很多。杰西卡对中国留学生的评价很高，她觉得中国学生都很聪明、而且勤奋好学，相信这些留学生一定能够学有所成，今后为中国的经济建设做出贡献。

杰西卡不但是学术界不可多得的巾帼英雄，她也是一位很好的妻子和母亲。我们每次见面都会谈到自己的家庭，在谈到她的丈夫和女儿时，杰西卡也像其他妻子和母亲一样流露出一种深深的亲情。她住在牛津，而她的先生住在伦敦，只能每星期聚会一次，我感觉得到杰西卡对不能时时守候在丈夫身边还是有着丝丝歉疚。见到女儿在成长过程中的点滴进步，也会使这位母亲感到欣慰和快乐。

这就是我英国的好朋友，一位在事业上极为成功，学识超群，人品高尚，但又不失为贤妻良母的杰西卡·罗森。

我的法国朋友汤令仪女士

上世纪80年代初，我国驻法国使馆文化处向我们推荐介绍，在法国巴黎国家自然历史博物馆人类学博物馆工作的汤令仪女士将来北京与我们见面，商谈在法国举办中国文物展的事宜。

汤女士到北京后给我打了电话，当时她下榻在前门饭店，我去接她到国家文物局里会面。在前门饭店门口，我一眼就看到一位个子不高但穿着很入时的女士，我想这位肯定就是汤女士了，我上前一问果然这位女士就是汤令仪，我们第一次就这样相识了。

那次汤女士是以法国巴黎国家自然历史博物馆人类学博物馆陈列部主任的身份来与我们洽商在法国举办"敦煌壁画展"的有关事宜。在巴黎举办中国文物展对于向法国人民介绍中国的古代文明是很有意义的，国家文物局和敦煌文物部门都很重视。这个项目在中国文物交流中心和汤令仪代表的法国国家自然历史博物馆的共同努力下，1983年春天在巴黎正式对外展出。虽然这个展览的展品大多数是临摹的壁画，但敦煌绚丽多彩的佛教故事和中国古代画工巧夺天工的绘画艺术同样使法国的观众为之倾倒。展览获得很大的成功，在短短的几个月

1984年6月，在巴黎与汤令仪在敦煌壁画展展厅合影

挚爱与奉献

——我所参与的中国文物对外交流

中，在巴黎众多的展览中，居然还吸引了12万观众，这是法方没有意料到的。法国一些很重要的媒体也对展览作了大量的报导，敦煌艺术第一次在巴黎被广大观众所认识。

敦煌展结束前，我和中国文物交流中心的石雅珠赴巴黎代表中国文物交流中心承担展览的撤展和点交工作。在巴黎，我们亲身感受到法国观众对敦煌展的热情。在展览结束的那天，络绎不绝的观众仍不断涌进展场，致使展

1984年6月，在巴黎与汤令仪、石雅珠合影

1984年6月，在巴黎与汤令仪、石雅珠在凡赛尔宫合影

1984 年 6 月，在巴黎凡赛尔宫留影

览不得不推迟闭馆两个小时。展览结束后，我们与法方的撤展点交工作也十分顺利，中法双方都皆大欢喜。

　　那是我第一次到法国，工作结束后，汤令仪和博物馆的另一位考古专家哥伦拜除陪我们参观了巴黎市的博物馆和名胜古迹外，还专程陪我们赴法国南方参观。特别到法国南部一个古人类居住的遗址参观了法国的考古现场。遗址不大，但参加发掘的考古人员可不少，几乎是每一平方米就有四位学考古的学生在那发掘，他们小心翼翼地用小刷子、小镊子在土里寻找遗物，我看了半天只看到他们找到一些小动物的骨骼。这和我们中国的考古真是没法比，我们五千年的文明遗存的确要丰富得多。

　　记得我们去圣米歇尔岛的旅行中，还发生了一件很好玩的事。那天我们乘坐的是上午九点的火车，我们四人在餐车上吃的早餐，我和石雅珠吃完早点就回到我们乘座的一等仓中休息，汤令仪和哥伦拜则留在餐车上继续喝咖啡。连续几天的工作和参观真是感觉有点累，随着列车的行进我和石雅珠都昏昏入睡了。等我醒来睁开眼睛仍没见汤令仪和哥伦拜，本来挂在我们这节车厢后面的餐车也不见了，我们这节车厢却成为最后一节车厢了。我觉得不对，但又怀疑是不是自己记错了，我就一节一节车厢的找，一直走到车头也没找到餐车，更没找到我们的那两位陪同。回到我们的车厢后，我只好去问车厢里唯一的另外两位法国客人，这是一对衣着考究、十分有风度的老夫妇，他们告诉我在一个小时前我们的餐车已经挂在另一个方向的列车上开走了，估计我们的那两位马大哈陪同稀里胡涂地就跟着餐车驶向他方了。这对老夫妇十分友善的表示，等到了圣米歇尔如果没人接，他们可以陪着我们，下午三点有一列从那个方向来圣米歇尔的火车，他们估计我们的那两位陪同会乘这列火车赶过来。我十分感谢这两位法国老人。很快就到了目的地，我们把汤令仪他们的行李也带上随着老夫妇走下了车。整个火车上只有我们两个中国人，很是扎眼，所以我们下车后就站在站台上等接我们的人来找我们。这时我看到一个高个子的先生一直注视着我们，从他的眼神里看得出他的疑惑，所以他没有走过来。我就主动过去问他是不是接中国文物代表团的，他表示是的。我告诉他汤令仪他们失踪的故事。这位先生一点都不以为然，竟说那好，我们先去吃饭，下午再来接他们。我们向那两位老夫妇再次表示了谢意，便跟着这位先生走了。吃完饭我们再次来到车站，等那列火车到站后，只见汤令仪和哥伦拜慌慌张张地跑了出来，一看到我们就忍不住哈哈大笑起来。当时我就想，如果在中国，我把外宾陪丢了，那还了得，非得大会小会检讨不可，而在这里大家也就是一笑了之。这可能也是东西方对待客人的不同态度。我倒觉得我们过去对外国人的接待过于隆重，吃喝拉撒睡全都包了。西方的这种人性化的接待，也并没有使我们感到冷淡，反而觉得很自然舒服。

敦煌展结束后，法国国家自然历史博物馆对于举办中国文物展热情不减，在汤令仪女士的积极策划下，1987年法国国家自然历史博物馆又成功的在巴黎举办了"中国西藏珍宝展"。在西方举办西藏文物展的确影响很大，长期以来西方的舆论、媒体只有一种声音，而"中国西藏珍宝展"无疑是对这种声音最大的驳斥。展览中件件珍贵无比的西藏文物，无可辩驳的说明了中国政府对西藏宗教文化的保护和历代中央政府与西藏历史的渊源关系，这真是一个很有说服力的展览。这个展览也使20万西方观众真正欣赏到来自雪域高原那纯朴、神秘的文化艺术。

汤令仪女士为举办这个展览数次来华，并不顾高原反应亲自到西藏挑选文物、与西藏的文物专家共同探讨展览的布陈问题，并认真地学习藏语。那次她和哥伦拜在西藏工作了好几个星期，可能是身体的不适应和连续的劳累，再加上生活条件的艰苦，从拉萨回到成都时，四川文化厅文物处的一位老处长见到汤令仪第一句话就是："汤女士，几天不见你可是老了十年啊。"这句话竟使汤令仪难过了好几天，回到北京见到我第一句话就说："我是不是老了很多？"我被她问的莫名其妙，我说："怎么会呢！你挺好的，就是瘦了点儿。"汤令仪这才放下心来。

在展览的筹备中，汤令仪为了扩大展览的影响，还特别拜访了班禅大师，向班禅大师报告了举办西藏文物展的情况，并请班禅大师题写了展览的藏文名称。班禅大师不仅接见了法国客人，而且在展览赴法前专门到故宫武英殿参观了预展，并给展览以高度的评价。

西藏文物展开幕不久，流亡在外的达赖集团组织几十名藏独分子在展厅外示威游行，这是意料中的事。汤令仪很有办法，她走出展厅邀请这些示威者进来免费看展览，结果这些受人挑唆的藏民们看完展览后一个个臊眉搭眼地走了。有的悄悄地对汤令仪说："我们也不愿来，是他们给我们钱非让我们来的。看到这些真正来自西藏的文物，我们知道了西藏真实的情况并不像他们说的那样。"事实胜于雄辩，从此后再没发生藏独分子捣乱的事。

通过两次展览的筹备工作，我和汤令仪从工作上的默契配合到互相的理解而成为了朋友。我觉得汤令仪女士是一位性格开朗、而且十分善良，在工作中又十分干练、意志力很强的人。虽然长期生活在国外，但对自己的祖国她有一种发自内心的情感。在我们的交往中我也渐渐了解了她的身世。

汤令仪出生于官宦之家，祖爷爷曾是清末的封疆大吏，爷爷在北洋政府时也曾是高级官吏，父亲继承了祖上的遗产，母亲则是一名很有成就的画家。解放初，汤令仪刚高中毕业，本应该考大学，但那个时代受极左思潮的影响，因她的出身不大好，大学没能录取。当时汤令仪还挺天真地想参加解放军，可那时一个大资本家的小姐，部队怎么可能要她。汤令仪的父亲看到女儿这种情况，就在上世纪50年代初把她送到在巴西的一位叔叔那里。汤令仪到巴西后很不习惯南美的生活，只身跑到了巴黎，开始了她完全独立的生活。

汤令仪说刚到巴黎时一句法文也不会，住在一座修道院里，修女管得很严，一天到晚闷死了。她就偷偷跑出去看电影，从看电影中学法文，常常晚上回来时修道院大门早已关上了，她只好爬墙进去，为此可没少挨修女嬷嬷的骂。后来她考取了法国最著名的巴黎美术学院，开始学习油画。可能是得自于母亲的遗传，在绘画方面汤令仪很有天赋，得到教授们的赏识。她告诉我那时她常到卢浮宫里临摹名作，而且临摹的水平很高，常常得到教授们的肯定。也就是在巴黎的这座最高艺术学府里，汤令仪找到了自己的终身伴侣，一位当时很有成就的年轻雕塑家。

毕业后，汤令仪开始在法国国家自然历史博物馆人类学博物馆工作。刚开始博物馆的那些工作人员看不起这个中国的小女人，对汤令仪很傲慢，但汤令仪以她干练的工作作风，深厚的业务知识和真诚的态度慢慢赢得了博物馆同仁的尊敬，谁也不敢再小瞧这个中国小女人了。随着汤令仪在工作中表现出来的不凡能力和魄力，她被任命为人类博物馆陈列部主任。别看这个职务不大，但在博物馆尤其是巴黎的国家级博物馆中可是炙手可热的职位，陈列部是博物馆的核心部门，所有的展览都由陈列部来策划组织，没点儿本事是很难胜任这个职务的。一个东方女性能领导法国博物馆的陈列部，更是凤毛麟角尤为难得。在她策划的几十个展览中，"敦煌壁画展"和"中国西藏珍宝展"更是成绩显著，为汤令仪赢得了更多的尊敬。

自从50年代汤令仪离开父母远赴他乡后，由于诸多的因素，她一直没有回国过，直至1978年她才回到上海父母居住的地方。家中和她离开时已是今非昔比了，母亲陈小翠不堪忍受侮辱，在文化大革命初期自杀身亡，父亲已是耄耋老人，生活的清苦和寂寞没能把父亲压垮，那是因为老人一直在默默等待着远去的独生女儿归来，和女儿再见一面的强烈愿望支撑着老人的生命。女儿的到来使年迈的父亲圆了多年的梦，女儿陪了父亲三个月。三个月后，父亲心满意足的在女儿的怀抱中走了。这时上海市已开始落实政策，将文化大革命抄家物资退还给个人。除了退还了父亲的财物外，上海画院也将她母亲陈小翠的作品等还给了汤令仪。汤令仪将父母的全部财产都捐给了上海有关单位，只是把对父母的爱深深地留在了自己心中。

我曾问过她，像她家庭的这些遭遇，是不是对共产党很有意见，她告诉我，她不恨共产党，因为她曾在旧社会生活过，曾经见过当时广大的劳动人民的悲惨生活，那时她家虽过着锦衣玉食的生活，可她对穷苦的人民很是同情。她说没想到解放后，共产党能使中国发生这么大的变化，使广大人民的生活都富裕起来了。谈到文化大革命使她家破人亡，她说可以理解，毕竟不是她一家受害，而且很多战功赫赫的老革命也同样遭到迫害。我问她为什么不把父母的财产带走，汤令仪告诉我，因为这几十年她从未赡养过父母，父母的财产都是来自中国的，所以只能留在中国，她没有任何权力带回法国。

从80年代开始汤令仪每隔几年就会回中国来，她对祖国博物馆事业的发展寄予极大的期望，对祖国翻天覆地的变化感到由衷的喜悦。她总是希望在中法文化交流中多做些事，所以她经常组织博物馆之友旅行团来中国访问。她给这些第一次来中国的法国人安排的活动，都是以了解中国传统文化为主。除安排法国人参观中国的名胜古迹外，她还专门带他们学打太极拳、学写中国字、学中国烹饪等等，培养他们对中国文化的兴趣。这些生动活泼的安排吸引了不少的参与者，使得要参加博物馆之友旅行团人满为患，有一年汤令仪竟然三次带团来中国。看到这么多的法国人对中国文化越来越接受，她觉得自己的辛苦很值得。

从博物馆的工作岗位退下来后，汤令仪专门成立了一个叫"交融"的协会，帮助法国人了解中国文化。她亲自在协会里讲解中国历史文化艺术和中国的民风民俗。汤令仪告诉我，她成立这个协会的目的就是通过协会的活动，让更多的法国人通过文化的交融，促进对中国真正的了解。汤令仪也多次对我讲，她是生活在东西方两种文化中，对两种文化都有深刻的了解，两种文化使她更正确地认识了东西方的差异，同时又使她开阔了眼界和生活空间。祖国的传统文化对她的影响是根深蒂固的。这"交融"就是她自己多年来生活在两种文化中的实践和收获。

汤令仪虽然生活在西方，却是个很传统的东方妇女，1998年她的先生那位法国雕塑家去世了，那年我正好去巴黎出差，我给汤令仪打了个电话，想和她见面。在电话中我知道了这个噩讯，汤令仪非常悲痛地告诉我，为了怀念逝世的先生，她将两年不参加任何活动，也不会见任何人，用黑纱将自己罩起来默默地用自己的方式追悼丈夫。

两年来一直没有汤令仪的消息，我很是惦念这位老朋友。2000年夏天我再去巴黎时，专程去汤令仪家里看望她。她住在卢森堡公园旁的一幢公寓里。几年不见她苍老了很多，也瘦弱了许多。她告诉我近来因身体不好，很少出门，和很多朋友都没有什么来往了，我能来看她，她真的很高兴。在她的家里我感到女主人对祖国文化的眷恋之情，她母亲画的一幅仕女图放在最显眼的地方，中国的工艺品几乎随处可见。同样，

挚爱与奉献

——我所参与的中国文物对外交流

房间里西方艺术的雕塑和油画使人能感受到主人对西方艺术高深的欣赏品味。

在卢森堡公园的餐厅里，我们共进午餐后，我和汤令仪在风景秀丽的公园里边走边谈。我感到汤令仪自从她的先生去世后好像变得十分忧郁伤感，她告诉我年岁大了总爱回忆起年青时在中国和父母在一起的日子，总觉得多年来自己给予父母的太少，对他们有太多的歉疚。她现在最大的愿望就是为母亲陈小翠出本画册，将母亲一生的画作都集中在这本画册中，以告慰父母的在天之灵。看着黯然神伤的老朋友我心中也十分难受，我能理解汤令仪此时的心情，但也只能以朋友的关怀之情劝她多多注意身体，一切都要想开些。

2000年深秋，我参加中国文物代表团出席在巴黎小宫殿举办的"中国考古新发现展"开幕活动，我专门邀请汤令仪女士作为嘉宾参加了开幕式。这次再见到她时，她的身体比夏天好多了，脸上又恢复了昔日那熟悉的笑容，她身着中国传统服装，看着来自中国的文物。她在展品前不停地问这问那，并且还自豪地向周围的法国人介绍着来自中国的古代文物。我看着她，心里很高兴，她终于走出孤独的困境，重新走进社会，我所认识的汤令仪又回来了。我衷心地祝愿她健康长寿，一如继往地生活在她所钟爱的两种文化中，完成她心中永远的梦。

2000年11月，在巴黎中国文物展开幕式上与汤令仪、张文彬合影

我的美国妹妹柯妮·罗斯

我有一个美国妹妹叫柯妮·罗斯，她来自美国得克萨斯州，是一位极聪明、又十分美丽的美国妇女。柯妮有一种天生具有的贵族气质，她的一举一动都充满了优雅的韵味。柯妮也是艺术家，她对艺术的领悟和欣赏水平都很高。柯妮的丈夫斯蒂文·罗斯在美国可是大名鼎鼎的时代华纳公司的创始人和前总裁。斯蒂文·罗斯在美国传媒和电影界都曾是最重要的领军人物，他传奇的一生曾是世界传媒界争先报导和世界各国津津乐道的，就连我们的参考消息上，都曾以整版的篇幅报导过斯蒂文·罗斯的生平。

我和柯妮是在1991年相识的，当时还真有点戏剧性。记得那是9月，有一家加拿大旅行社的两位先生来国家文物局拜访我，其中有一位叫韩德才的先生对我说："我们旅行社将安排美国的罗斯夫人来华旅行，她在北京期间希望和中国文化界的朋友聚一聚，由她请大家吃顿饭。罗斯夫人也请您参加这次宴会。"当时我就一口回绝，我说："我不认识这位夫人，我也不愿意参加这个宴会。"韩德才急着说："这位夫人很有名，在美国她请客，大家都很愿意参加的。"我马上说："这是在中国，我这个人可不是什么人请吃饭都去，而且我认识的人也太多

1999 年，在华盛顿国家画廊与柯妮摄于中国文物展开幕式上

挚爱与奉献

——我所参与的中国文物对外交流

了，和文物和博物馆没关系的人，我也不想再认识了。"韩先生说："我们这位夫人就是喜欢文物，喜欢博物馆，而且她很愿意帮助中国的文物保护。"就这样，我就同意去参加宴会了。

宴会是在这位夫人下榻的王府饭店的总统套房内举行的，请的文物博物馆界的客人，除我外还有徐邦达、王世襄、故宫博物院的副院长王树卿诸位先生，其他人我都不认识。第一次看见罗斯夫人就觉得她十分优雅端庄，但在这种优雅的气质中又让人感到干练和一种威严。在宴会上我们几乎没有交谈，只是听几位老先生介绍中国的文化。

罗斯夫人一行在外地参观后又回到北京，她的秘书给我来电话，告诉我罗斯夫人希望和我谈谈中国的文物情况，我同意了。那天我们在王府饭店谈了近两个小时，主要是我介绍中国文物的现状和目前存在的问题。罗斯夫人听得十分认真，我感觉得到她对中国文物保护面临的困难十分关注。她表示这次她看到很多中国考古的新发现，令她很感动，她希望今后有机会能帮助中国的文物保护工作。

过了不久，美国《时代》杂志驻北京办事处的一位小姐给我送来了罗斯夫人的一封信和一盒巧克力糖。在信中夫人表示她十分高兴认识我，并希望有机会能邀请我去美国参观。我请来的那位小姐转告罗斯夫人，谢谢她的巧克力和邀请，目前我还不能去，等我有公务访美时，一定去拜访她。

1992年5月我和当时的国家文物局副局长彭卿云、文物处处长郭旃应香港著名收藏家徐展堂先生的邀请，将赴美参加徐先生在芝加哥捐赠的徐展堂中国文物博物馆的剪彩活动。除参加芝加哥的剪彩活动外，徐先生还安排我们去旧金山、克利夫兰、芝加哥、费城和华盛顿的博物馆看收藏的中国文物。临行前我将我的行程通知了柯妮，柯妮马上发传真欢迎我去纽约访问。并很快寄来了关于纽约这期间的文化活动目录，让我挑选我想看的内容。我挑了百老汇的歌舞剧和纽约芭蕾舞团的节目。

在华盛顿徐先生安排的活动结束后，我和当时正在华盛顿学习的好朋友王同乐登上了去纽约的飞机。柯妮派一个翻译和一个秘书在机场接我们，坐在车上，秘书用车载电话向柯妮报告我已经到了。我们下榻的旅馆是一家非常典雅的法国饭店，饭店的总经理亲自在门口迎接我们。我的房间很是豪华，桌子上一个硕大的粉红色牡丹花花篮格外醒目，上面的卡片上写着："欢迎到纽约！柯妮。"旁边一个藤编的酒筐里摆着一瓶陈年的法国白兰地，这是柯妮的先生大名鼎鼎的美国时代华纳公司总裁送我的。酒筐上面的卡片上写着："祝在纽约愉快！斯蒂文·罗斯。"

当天下午我们就去罗斯夫人家拜访主人。罗斯夫人的家位于中央公园的旁边，是一座很豪华的公寓。罗斯夫人对我们的到访十分高兴，并带着我们参观了她的家。说真的她的家就像是一座世界艺术博物馆。从最古老的埃及七千年前的木雕、四千年前玛亚文明的挂毯到古希腊的青铜头盔、中国汉唐的陶俑到欧洲17世纪的玩偶、19世纪的家具及现代的先锋派绘画和美国20世纪好莱坞的艺术品，应有尽有。而这么多的艺术品集中在一起却不让人感到杂乱，摆放得恰到好处，足见女主人对艺术的鉴赏力不同凡响。我们在罗斯夫人的介绍下细细地欣赏着这些就是在博物馆也堪称珍贵的艺术品。罗斯夫人对世界艺术广博的知识，对艺术欣赏的高雅品味，给我留下了很深的印象。

第二天，在罗斯先生的公司时代华纳总部，我才真正了解了什么是时代华纳公司。时代华纳公司是集电影、娱乐、新闻、出版于一身的美国最大的公司之一，也是美国最大的出口公司之一。其电视新闻网覆盖了全世界一百多个国家，全世界每十部电影中就有三部属于该公司，其出版的书刊占美国本土的40%，1992年时代华纳公司的年利润已逾120亿美元。真正是个财大气粗的公司，作为公司掌门人的夫人柯妮·罗斯可以想象她在美国的影响也是了不得的。

在纽约的四天过得非常愉快，罗斯夫人每天都陪着我们参观。我们观看了纽约的芭蕾舞、音乐剧，水平都特别高，这是我们第一次真正接触和认识了美国的艺术水平。罗斯夫人还专程陪我们乘专机飞往华盛顿，参观了时代华纳集团的出版公司。

罗斯夫人并在家中设宴款待我们，除时代华纳公司的几位高层领导外，还专门邀请了当时驻联合国担任副秘书长的冀朝铸夫妇。很有意思的是，罗斯夫人的请柬上写着："为欢迎王立梅女士到纽约访问特邀请参加晚宴。"冀大使一进门看到我十分惊讶地说："你就是那位王女士？"我说："是啊。"冀大使又问："你怎么会认识罗斯夫人？我们早就知道她，却没有机会认识，这次还是因为你才有机会结识罗斯夫人。"我说："其实我也仅在中国见过她两次，可能是罗斯夫人喜欢中国文化吧。"

　　我和罗斯夫人在这几天也谈了很多，当然谈的最多的还是中国近年的考古新发现，中国文物的现状和目前困扰我们的文物保护问题。罗斯夫人对我谈的一切都十分感兴趣，她对我说："我去过中国，也碰见过很多人，包括你们文物界的，但很多人都向我提出的是他们自己的困难，他们希望我能帮助他们把孩子送到美国或是他们自己到美国来。唯独你没说过自己有什么需要，而是总在谈你的国家的文物需要帮助，博物馆需要支持。我从你的眼睛中可以看出你对你的祖国的热爱，对中国文物的责任感，我非常敬佩你的这种感情。我十分希望能和你成为好朋友，今后你称我柯妮，我称你立梅。"就这样我们再也不互相称夫人了，而是直呼名字。

　　在纽约的最后一个晚上，当我们告别时，柯妮对我讲："这次很遗憾你没能见到斯蒂文，因为他住院了。"我马上问："是什么病？要紧不要紧？"柯妮十分难过地告诉我，斯蒂文得的是直肠癌，而且情况不太好。我安慰柯妮在中国有些癌症病人通过中医和气功就治好了，而且还有些很重要的领导也患直肠癌，开刀十几年了还健在。我的话使柯妮很兴奋，我们约定有什么需要随时联络。

　　回到北京的第三天，柯妮打来了电话，希望请两个中国的大夫到纽约为斯蒂文治病。我马上要求把斯蒂文的病历传给我，以便让中国大夫研究病情，看还能不能治。柯妮答应了，要求我不能给任何外国人看斯蒂文的病历，否则时代华纳公司的股票会大跌，因为当时斯蒂文的病是公司的最高机密。我完全理解柯妮的担忧，就这样我守在传真机旁，在我们约定好的时间传真发了过来。

　　拿到传真后，我和我爱人分别找了当时北京肿瘤医院的内科主任孙燕和解放军总医院的泌尿科主任李延堂。这两位专家看了斯蒂文的病历后，认为还是有办法治的，而且他们也都经手治愈过类似的多例病历。而且有很多病人年龄比斯蒂文还大得多。我将大夫的意见转告柯妮后，柯妮很高兴，马上安排两位中国大夫赴美的事宜。我们也向有关领导部门进行了汇报，在两国有关部门安排下，两位大夫的出国审批是一路绿灯。在美国使馆办签证也是立等可取，就这样从柯妮来电话到李大夫、孙大夫抵达纽约只用了七天。

　　两位大夫到纽约后，马上去看了斯蒂文。中国和西方的医学差异明显地表现出来了，中医是强调扶正驱邪，在治疗中要注重病人身体的及时补养。而西医却不注重对身体其他脏器的维护，所以斯蒂文被大剂量的化疗摧垮了。身体的不适使斯蒂文的情绪十分低落，应该说情况真是不太好。两位大夫与斯蒂文的医疗小组会了面，虽然由于美国医疗制度的限制，中国大夫无法对斯蒂文的病进行会诊，也不能吃两位大夫专门带去的中药。但中国扶正驱邪的理念还是得到了医疗小组的重视，他们又为斯蒂文专门请了一位负责调理身体的大夫。李大夫和孙大夫针对斯蒂文的情绪，专门介绍了在中国同类病历的治愈情况，其中不乏高龄的政界要人。这些病例的介绍使斯蒂文看到了希望，重新振作起来。当时的美国总统老布什还致函斯蒂文对他专门请中国大夫来美国看病表示赞赏，老布什总统认为中国的大夫医术是很高明的，并预祝斯蒂文早日康复。

两位大夫年轻时都曾在北京协和医院工作过，所以斯蒂文的老朋友协和医院创办者洛克菲勒的孙子大卫·洛克菲勒先生听说后，还专门请孙大夫和李大夫到他家做客。

从这以后，我和柯妮的关系更密切了。我们经常通信，当时她因斯蒂文的病很是痛苦，我也只能在遥远的东方默默地为斯蒂文祈福。我和柯妮一样密切注视着斯蒂文在治疗中的点滴变化，斯蒂文出现好转时，柯妮马上就会给我来电话，我会和她一样的高兴。斯蒂文情况不好时，我也和柯妮一样揪心。同时我也不断地安慰柯妮要坚强，要保重身体。

可是不幸还是降临了，就在斯蒂文又一次做手术后，由于术后引起心脏功能的衰竭而停止了生命。虽然斯蒂文已和病魔顽强地抗争了一年多，但柯妮还是不能接受失去斯蒂文的事实，巨大的悲痛几乎将柯妮压垮。斯蒂文的音容笑貌不断地在她脑海中出现，斯蒂文对她和女儿深深的爱，像回忆中的定格，这一切使柯妮伤心欲绝，几近不能自拔。

柯妮和斯蒂文爱情的结晶、可爱的女儿尼可这年刚满10岁，父亲的去世同样使幼小的尼可不能接受，看着女儿悲伤的样子，柯妮感到自己的责任，绝不能倒下去，一定要把尼可抚养成人，以慰藉斯蒂文的在天之灵。自己要完成斯蒂文为之奋斗一生的未竟事业，公司繁杂的事务也在等待着她来处理。柯妮终于走出悲痛，勇敢地面对斯蒂文身后新的局面。

1995年10月在斯蒂文过世两年后，柯妮再次来到了中国。这次她带着女儿和几个好朋友专程来看中国的名胜古迹。

我们专门为柯妮安排到云南昆明、四川成都、湖南长沙和上海访问。应柯妮的要求，我们还为她包了架小型座机——挑战者号，这样一路上省去了很多转机的麻烦。

第一站是昆明，在云南博物馆柯妮一行受到国宾般的接待，在博物馆的门前巨幅横幅上写着"热烈欢迎罗斯夫人到我馆参观"。博物馆的馆长还向柯妮献了鲜花。除了参观基本陈列外，博物馆还专门为柯妮提看了滇文化的青铜器。两千多年前居住在云南的滇族人创造的极富民族特色的艺术品给美国客人极大的艺术享受。柯妮被这一件件构思奇特、造型精美的青铜器所吸引，不停地说："太美了，太让人不可思议了。"柯妮向云南博物馆的专家们不断地提问，要求了解滇族的历史、文化和艺术的发展情况，云南博物馆的专家还向柯妮介绍了每件青铜器纹饰的寓意。柯妮也以自己深厚的艺术鉴赏力和广博的知识介绍了世界其他国家的文化与滇文化的相似和关联的地方。

看着博物馆简陋的条件，参观着精美的藏品，感受着云南博物馆的专家和工作人员给予她质朴而热情的接待，柯妮被感动了。她对我说："我今天真的很高兴，看到那么多珍贵的文物，又受到博物馆这样热情

1998年3月，在陕西与柯妮在兵马俑修复现场合影

的接待，我觉得云南博物馆的这些朋友真好，我想帮助他们，你说对他们什么最有帮助？"当时，计算机还是很昂贵的办公设备，全国的博物馆几乎都没有配备计算机设备，所以我就建议柯妮送他们一套计算机。柯妮马上同意，并当场宣布送云南博物馆计算机设备一套。

第二站，是成都。我们主要还是参观博物馆和考古所。我们在四川博物馆和考古所再次感受到主人的热情，博物馆和考古所的门上都竖起了"热烈欢迎罗斯夫人到我馆参观指导"的红色横幅。我指着横幅对柯妮说："我看等你回到纽约，如果看不到欢迎的横标，一定会很不习惯了。"四川博物馆除了向柯妮敬献了一大束红玫瑰花外，还将一盆盆美丽的鲜花摆满了我们休息的贵宾厅，我看得出柯妮非常高兴，再次被中国博物馆对她的热情接待所感染。

蜀文化和三星堆出土的珍贵文物真正震撼了柯妮和其他美国朋友，看着神奇的青铜大面具、怪异的青铜立人和硕大的青铜树，柯妮惊呆了。她被中国厚重的历史底蕴，灿若繁星的多元文化所征服。柯妮在一件件文物前驻足良久，认真地听专家的介绍，细细地研究每件文物的造型和纹饰，她兴奋的神情溢于言表。柯妮对我说："这些考古发现太重要了，对人类的文明是重要的贡献。我真是很敬佩中国的文物工作者，我希望能帮助他们。"这样柯妮又给四川省博物馆和四川考古所捐赠了两套计算机。

在长沙和上海的参观同样精彩，柯妮这一路等于是在做一次穿越时空的旅行，中国古老而灿烂的文明，瑰丽而典雅的文化艺术深深地打动着柯妮。柯妮对我说："我这次真的很开心，自从斯蒂文走后，我还没有这样开心过。我爱中国的古老文化，我爱中国的人，我感觉也许上辈子我也是中国人。"

也就是在这次柯妮参观上海博物馆新馆建筑工地时，决定捐助150万美金，用来建造上海博物馆的新报告厅。

柯妮回国后，很快将捐赠云南省博物馆、四川省博物馆和四川省考古所的三套计算机送达当地。云南和四川的同仁们告诉我，柯妮送他们的计算机是当时最先进的配置，省里专门搞计算机的部门所用的计算机都还没有他们的好。

同时，柯妮还专门请美国华纳电影公司的设计师到上海与上海博物馆共同研究报告厅的设计问题。柯妮要求将上海博物馆的报告厅建造成全世界博物馆里最好的、亚洲最先进的多功能报告厅。

这以后，我和柯妮的关系更亲密了，我每次访问美国几乎都会去纽约看柯妮，每次柯妮也一定要求我住在她家里。我们开始以姐妹相称，在柯妮家，我真正感受到我这位妹妹对我的深情厚意。在我住的客房里，柯妮专门摆放着汉代青绿色低温釉陶、汉代的彩绘俑和宋代定窑烧制的白釉瓷盘，茶几上是包括中国茶在内的世界各国的茶叶和盛满滚烫开水的暖瓶。柯妮处处都安排得让我感到像在自己家一样，还专门让厨师给我做中餐，真够难为这位厨师的了。厨师专门去买了介绍中国烹饪的书，这位擅长西方饮食的专家照着书上的做法居然也为我做出了多道中国菜肴。每天早上，这位可爱的厨师还专门为我熬稀饭，虽然这个稀饭有点像我们多放了水的烂米饭，可这对美国厨师来说已是尽力了。早餐桌上，在造型各异的日本瓷盘中，放满了各式各样从唐人街买回来的酱菜。每次我们吃饭时，柯妮还专门放中国民乐的录音，在优雅的中国古筝古琴的乐声中，我的确有了一种在家中熟悉而温馨的感觉。

在柯妮家我也结识了一些她的朋友，柯妮总是向他们这样介绍我："这是我的中国姐姐。"柯妮的朋友都是在美国政界、商界、文艺界颇有影响的人物。世界妇女大会在中国开幕前，我在柯妮家碰到了美国妇女代表团的团长，一位华盛顿的女官员。这位女士从未到过中国，见到我这位中国妇女，急不可待地要了解中国妇女的情况。说真的我还真是第一次对外侃起妇女问题，脑海里马上想起了"自尊、自强、自立、自爱"这八个字，我就以这八个字来介绍中国妇女在工作和生活中的情况。这位女士听得非常高兴又满意，一再感谢我的介绍，马上让秘书将这八个字记录下来。柯妮还将我介绍给她和斯蒂文的好朋友大卫·洛克菲勒，柯妮对洛克菲勒说："这是我的中国姐姐，在斯蒂文病重时，是她请来了两位中国大夫。"

只要我住在柯妮家，晚饭后柯妮总是拿出一个长长的华纳电影公司最新的电影目录让我挑选，对于我来说这些电影哪部都没看过，只好请柯妮来决定。看完两部电影一般是午夜时分，我是个从不熬夜的人，很少有这么晚还没睡的。可柯妮却是精神得不得了，我们开始了彻夜的长谈，谈中国的古代文化艺术，谈美国的历史文化，我们谈的更多的是柯妮的女儿尼可和柯妮对斯蒂文走后的种种感受。

在我和柯妮的交往中，我感觉得到柯妮对我这位中国姐姐的极大信任，同时也感到柯妮作为一位有钱的名女人，在西方社会真的是高处不胜寒。媒体的追逐、各种各样怀着不同目的来包围她的人……这一切都使柯妮感到一种无形的压力，也使她产生了自我防护的戒备心理。而对我却是可以敞开心扉，尽情的倾诉。我是一个很好的听众，我可以理解柯妮的任何想法，同时我又是一个旁观者，我可以冷静地凭直觉提出我的看法。总之我们这对异国姐妹有那么多的共同感觉和看法，不管对人还是对事情，我们总有说不完的话。在北京，我每天晚上十点准时上床睡觉，在柯妮家没有在凌晨四点前休息过。记得有一次我们谈到早上快五点了，六点半我就去机场赶九点的飞机回国。上飞机后我很快就进入了梦乡。正当我酣睡时，有人推我："go!go!go!"我当时以为已到站了，睁开眼一看机舱里全空了，所有的乘客都不见了，只有我和空中小姐。原来是有人托运了行李却没上飞机，为防止出现问题，全体旅客都要下机去重新确认自己的行李，我睡得太死了，这么大的动静居然一点儿也没听见。

柯妮对唯一的女儿尼可倾注了全部的爱，斯蒂文在世时就为宝贝女儿专门建立了一座学校，名字叫"罗斯学校"。学校刚成立时只有两个学生，一个是尼可，另一个是柯妮管家的女儿。别看学生不多，老师可是全世界挑选的最优秀的。1998年我曾专门去参观了罗斯学校，当时学生已增至九十多人。学校位于纽约的长岛，学校的设备在全世界都是最好的。孩子们上课的教室就像贵宾接待室，每个孩子都配置了手提电脑，课堂里配置了大屏幕，学生可以随时通过计算机与老师沟通。课程的设置也十分有特色，学生们在这里可以接触到其他学校学不到的知识，例如在孩子们的课程表中我看到了中国的《道德经》。选修课中还有中国的武术，柯妮专门从中国请来获得过全国武术冠军的武林高手任教，看着美国孩子身着唐装，一招一式地演示着中国的武术，我知道这是柯妮有意让孩子们从小接触中国的文化。罗斯学校的办学宗旨就是让孩子们最大限度的发挥自己的想象力、创造力，让孩子们接触世界、了解世界。当时的美国总统克林顿还专程来罗斯学校参观，克林顿总统对罗斯学校给予了高度评价。自从斯蒂文走后，柯妮肩负起了罗斯学校的管理工作，她是要独立完成斯蒂文的遗愿将尼可抚养成人，将罗斯学校办成全美国最有影响的学校。柯妮对罗斯学校就像对待自己的孩子一样的热爱，学校的一切都在她的悉心照顾之下，从教师的选定、课程的研

挚爱与奉献

——我所参与的中国文物对外交流

1999 年 9 月，在纽约柯妮家与柯妮和尼可合影

究、校舍的安排到每周伙食的搭配都要一一过目。为了让孩子们有更广阔的视野，柯妮还安排学生们到国外实地学习，如在意大利学习古罗马史，在希腊了解古希腊文明的发展进程。同时还倡导孩子们开展国际间的交流，在她的安排下，罗斯学校和其他国家的学校建立了良好的校际交流。柯妮还特别安排罗斯学校的部分学生到上海和上海第三中学及音乐学院附中进行交流。孩子们共同为新千禧年谱写乐曲，并在美国华盛顿进行了表演。柯妮还为上海第三中学的两名女生提供全部费用到罗斯学校学习。

柯妮对上海博物馆的捐赠项目也进行的十分顺利，1998年春，柯妮来到上海与上海博物馆共同研究报告厅的建设问题。上海博物馆的同仁们为感谢柯妮对上海博物馆的无私捐赠，当知道三月十四日是柯妮生日时，决定在上海博物馆为柯妮庆祝生日。三月十四日晚，柯妮身着上海博物馆为她专门定做的大红色"唐装"来到博物馆时，受到参加生日晚会的全体中国朋友的祝福，云南省博物馆、四川省博物馆和四川省考古所还派专人送来了他们的祝愿。生日晚会既隆重又充满了中国式的亲情，柯妮对中国博物馆界的朋友给予她的这种真挚的友情十分感动，她为出席晚会的每一位朋友都赠送了纪念品。柯妮说她永远都不会忘记在上海渡过的这美好的夜晚。

1998 年 3 月，在上海博物馆，摄于柯妮的生日晚会上

1998 年 3 月，在上海博物馆柯妮生日晚会上与张文彬局长合影

——我所参与的中国文物对外交流

　　1999年5月，我驻南斯拉夫使馆遭到美国炸弹的轰炸，尽管美国政府一再强调是误炸，中国使馆的建筑毁坏严重，三位无辜的记者牺牲了，部分人员受了伤。在这个时候，我收到了柯妮的来信，在信中她以一个美国普通公民的身份向中国人民道歉，对牺牲和受伤的我驻南使馆的工作人员表示了真诚的慰问。这封信还同时寄给了其他她认识的中国文物部门的同仁们。我们都十分感动，我们被柯妮对中国、对中国人民的这颗真挚的爱心所感动。我也为我有一个这么热爱中国的美国妹妹而欣慰。

　　随着时间的流逝，柯妮慢慢从失去斯蒂文的痛苦中走了出来，我也为柯妮重新回到正常的生活而高兴。在这期间，一位瑞典先生走进了柯妮的心。柯妮专门给我来了电话，问我对瑞典人怎么看。我对柯妮说："我没有和瑞典人接触过，在我印象中瑞典人就是长得高高的，头发黄黄的，眼睛蓝蓝的。"柯妮说："我要让你认识一位瑞典人。"我马上意识到这位瑞典人一定是柯妮的男朋友。

　　不久后，柯妮再次来到了上海，当然那位神秘的瑞典先生也来到了上海。在机场，我看到柯妮后面跟着一位很帅，也很儒雅的男士，柯妮向我介绍了她的男朋友。从柯妮的眼中我看得出她完全沐浴在爱情的海洋中，整个人都变得年轻漂亮，充满了活力。在车上柯妮急不可待地问我："怎么样？"我故意说："很帅啊，你这么喜欢他还问我呀！"我后来还对柯妮说："我发现这位先生像演007的布鲁斯南。"柯妮马上说："你才发现啊！"

　　我陪柯妮一起游览了美丽的西湖。看到柯妮和她的男朋友在湖光山色中互相依偎着，含情脉脉地对视着。我发自内心的为我的美国妹妹高兴，她终于又找到了自己心爱的人，一个真正爱她的伴侣。

　　在离开中国前柯妮对我说："今后美国、瑞典和中国将是我生活的三角形，这三个国家都是我最热爱的地方，有着我最爱的亲人。"

　　自从有了这位先生后，柯妮快乐多了。经过两年的热恋，柯妮决定步入婚姻的殿堂。柯妮将婚礼选择在文艺复兴的发源地，也是世界上最著名的浪漫城市意大利的佛罗伦萨。我这个中国姐姐当然是婚礼最重要的嘉宾之一。除我之外，被邀请参加婚礼的中国客人还有上海博物馆的马承源馆长和上海博物馆对外交流处的副处长周志聪。

　　2000年5月中旬，我们一行三人应邀来到了佛罗伦萨。柯妮的婚礼

2000 年 5 月，在佛罗伦萨与马承源馆长合影于参加婚礼前

也许是佛罗伦萨新世纪最具影响的婚礼，来自全世界的240多名贵客云集佛罗伦萨。婚礼活动共三天，一个庞大的工作班子将三天的活动安排得井井有序，佛罗伦萨市警察局负责全体客人的安全，佛罗伦萨市文物局负责贵宾的参观，还有众多的部门负责这个世纪婚礼各个细节的落实。

我可是有生以来第一次参加这样豪华的婚礼，也是第一次感受西方婚礼的神圣。正式婚礼前一天的晚上，我们全体来宾被邀请参加在佛罗伦萨郊区一座古堡里的宴会。这座文艺复兴时代的古堡建在距佛

2000 年 5 月，我们三人在古堡晚宴前合影

2000 年 5 月与柯妮在古堡晚宴上合影

罗伦萨有几十公里外的山上，我们的车队在弯弯曲曲的山路上行驶了一个多小时才抵达这座古堡。远远看去，几百碗盛满芬香的油灯像一串明亮的珍珠镶嵌着整个古堡，整个古堡在夜色的笼罩中显得那样的神秘。高高的瞭望塔，延绵不断的罗马式城墙，错落有致的哥特式建筑，这一切都使人好像进入了童话的王国。城堡内到处摆满了鲜花、美酒，来自世界各地重量级的贵宾们，纷纷向这对新人祝福。新婚夫妇发自内心的幸福微笑感染着每位来宾。丰盛的晚宴后，来自瑞典的歌手们精彩的表演使晚宴进入了高潮，新郎新娘带头跳起了华尔兹，新郎邀请我作第一支舞曲的舞伴，我和新郎随着蓝色多瑙河的乐曲翩翩起舞，这也是我第一次在参加婚礼上和新郎共舞。晚宴一直持续到午夜。

婚礼这天，从上午大家就开始做准备，专门请来的理发师是 个意大利小伙子，他一个房间一个房间的给所有参加婚礼的女宾们做头发，着实忙得够可以的。应柯妮的要求，我将在晚宴时发言，本来我想来个即席讲话，可柯妮的秘书斯蒂夫一定要求我写出发言稿，他说一点儿差错都不能出。待发言稿写出来后，再交给周志聪翻译成英文，周翻译官一遍一遍地推敲着，力求译成最纯正的英文。

下午五点，每个来宾都身着盛装前往婚礼教堂，所有的男宾都身着黑色的燕尾服，马馆长和周志聪也是有生以来第一次穿上燕尾服、

2000 年 5 月与马承源、周志聪在婚礼上合影

2000 年 5 月与柯妮在婚礼上合影

打上了白领结。女士们则穿着着各式各样华贵的晚礼服并配带着漂亮首饰，宾馆的大厅成了各位女宾们争奇斗艳的时装展示会。我身着专门为婚礼定做的一件藕和色镶苹果绿边的旗袍，长长的旗袍，再配上有藕和色和苹果绿两种颜色的大披肩，十分典雅大方，马馆长和周志聪都说我这身旗袍毫不逊色于其他女士。我们乘车来到了佛罗伦萨市中心的大教堂。为了保证来宾的安全和婚礼的进行，教堂周围的街道都由警察把守着，不让闲杂人进入。但这个世纪婚礼还是吸引了成千上万的观众。围观的意大利人对每位参加婚礼的来宾都十分关注，他们饶有兴趣地猜测着每位来宾的身份。我一下车就听到热烈的掌声，我当时还想这是给谁鼓掌呢，再一看只有我一个人，我才明白是给我鼓的掌，大概我这身旗袍一定很漂亮，让意大利人错认为是哪位著名的中国电影明星来出席婚礼了吧。

步入婚礼教堂，哥特式高大的教堂内金碧辉煌的宗教壁画、五彩缤纷的装饰玻璃和白色的鲜花搭配，给人一种非常庄严圣洁的感觉。来宾们静静地坐在教堂的座椅上，新郎身着深色的燕尾服站在圣坛前，等待新娘的到来。突然我们听到教堂外一片喧哗和鼓掌声，应该是新娘到了。教堂门打开了，四位可爱的小天使们鱼贯而入。美国著名导演斯皮尔伯格作为证婚人挽着柯妮的胳膊走了进来。柯妮今天是最美丽的新娘，如花的笑容展现在柯妮容光焕发的脸上，幸福的红晕使柯妮像年轻的姑娘一样娇艳无比，我从心里赞美我的美国妹妹——你是世界上最迷人的新娘。柯妮的婚纱也像新娘一样使人赞叹不已。这件婚纱堪称是世界上最珍贵、也是最独特的一件婚纱，它是由四个国家的艺术家们共同制作的，婚纱式样是由美国最著名的婚纱设计师设计制作，婚纱高贵的面料出自意大利的工匠之手，婚纱的长裙由印度的织绣女工刺绣而成，婚纱外面的纱袍是由中国苏州的四位绣娘，根据长沙马王堆出土的西汉乘云绣的纹饰，一针一线花费了两个月的时间仿绣出来的。四个国家艺术家的杰作完美地结合在一起，不论色彩和样式都是那样的协调，整个婚纱就是用无与伦比的美丽来形容也不为过。

美丽的柯妮穿着这套雍容华贵的婚纱在斯皮尔伯格的陪伴下走上了圣坛，和等在那里的她的白马王子一起接受了专门从纽约赶来的大主教主持他们的婚礼并接受主教真诚的祝贺。当大主教宣布新人结为夫妻时，来自纽约和斯德格尔摩的唱诗班唱起了婚礼的颂歌，那甜美悦耳的歌声仿佛是天籁之音，是来自天堂的祝贺。新娘和新郎手持点燃的蜡烛，手挽手地走下圣坛，分别点燃两旁来宾手中的蜡烛，来宾们再一个点燃另一个的蜡烛，顷刻间整个教堂参加婚礼的客人们手中都拿着闪亮的蜡烛。这些闪亮的蜡烛就像繁星一样闪烁着，共同祝愿新婚夫妇幸福快乐。

教堂的仪式结束后，我们又乘车到佛罗伦萨建于18世纪的皇宫中去参加婚宴。据说18世纪时，意大利曾要将佛罗伦萨作为首都，为此建造了这座全部用白色大理石建成的皇宫。后因将首都定为罗马，这座皇宫就关闭起来一直没有再用过。近年来佛罗伦萨文物局对这座皇宫进行了维修，使其又恢复了昔日的富丽堂皇。

在皇宫中参加婚礼使得我们这些来宾兴奋不已，进入皇宫那金碧辉煌的建筑，美轮美奂的装饰，珍贵无比的雕塑使我们真有点目不暇接。在皇宫的宴会厅摆满了铺着雪白桌布的婚宴长桌，长桌上摆满了鲜花、各式各样的水晶酒杯，纯银的餐具在水晶吊灯的照射下反射出柔和的银光。我们三个中国客人被安排在重要的位置，我们这张桌子坐的全都是新娘和新郎的亲朋好友。宴会开始后，意大利最著名的男高音盲人歌唱家鲍切利当场为婚礼演唱，我是第一次听鲍切利唱歌，他那饱含磁性的嗓音、高昂华丽的声调使人如痴如醉，他把我们带入了意大利美丽的田园风光中，带到了诗情画意的爱情中，五支曲子唱完，久久人们好像才从歌声的意境中回来，这真是一次令人终身难忘的艺术享受。

考虑到我穿的这件多一分显肥、少一分显瘦的旗袍方便的问题，面对美味佳肴我是为之不动，几乎是滴水不沾。周志聪虽然没有同样的问题，但由于一会儿要和我一起上台发言，所以一直在看他的英文稿，紧张的也几乎是滴水未进，我对小周一再说："别紧张，别紧张，不就是二百多人吗，就是两千人也没什么可怕的，你跟着我就不会紧张了。"一共有八位发言者，除我外，还有斯皮尔伯格、新郎的父亲、新郎的好朋友、柯妮的朋友纽约的一位著名银行家，其他几位我记不清了。我是唯一的女性，当然也是发言者中唯一来自东方的客人。

我是第五个发言，我十分从容地走上了讲台，面对我亲爱的妹妹我表达了我最诚挚的祝福。我在发言中这样讲："我是柯妮的中国姐姐，我为新婚夫妇带来了中国的祝福！柯妮和我虽然生活在不同的国家，相隔千山万水，但是由于她对中国古老文化艺术的高度鉴赏力和对中国古

2000 年 5 月，在佛罗伦萨柯妮婚礼上发言

代文明的支持和帮助，深深地感染了我。我们对古老艺术的爱好和对保护人类文明的共同责任，使我们的心灵相通。"

柯妮是美的天使，更是爱的天使。她对中国古代艺术的热爱和无私帮助使我和中国文物博物馆界的同仁们深为感动。上海博物馆享誉世界的马承源馆长不顾年高体弱，坚持要亲自到这里向柯妮祝福。柯妮的帮助使上海博物馆锦上添花，她曾经帮助过的云南省博物馆、四川省博物馆和考古所的同仁们也请我带来他们对柯妮最美好的祝愿。

今天在柯妮身着的这件举世无双的婚纱上，那高雅纹饰仿自中国二千一百年前楚国的纹饰。是柯妮使这美丽的图案重放光彩，我感谢柯妮将中国古代的美丽和高雅重现在21世纪。我为有这样的美国妹妹感到自豪。我感谢上苍使我们有缘结为异国姐妹。……今夜当佛罗伦萨为柯妮的盛大婚礼华灯齐发时，中国大地正迎来新的一天的曙光，两个历史悠久并生生不息的国家同时在为婚礼见证。我充满激情、抑扬顿挫的讲话，也同样感染了小周，他完全不紧张了，找回了自信，越翻译越流畅，越翻译声音越响亮。

我的讲话博得了全场热烈的掌声，柯妮还专门起身和我拥抱。事后，柯妮的秘书斯蒂夫对我说："您的讲话是八个讲话中最有感情的，大家都很欣赏您的讲话。"

2000 年 5 月，发言后与柯妮拥抱

　　婚宴结束已逾午夜，但是狂欢才刚刚开始。考虑到马馆长的身体不能过于劳累，我们三个人提前退场了。可婚礼的狂欢一直持续到黎明时分。

　　2002年，上海博物馆多功能报告厅竣工，柯妮专程于九月来到上海，参加多功能厅的揭幕仪式。我也专门飞到上海参加这个有意义的活动。

　　柯妮在上海博物馆副馆长顾祥虞的陪同下，认真地考察了报告厅的各项功能和设施，柯妮对报告厅十分满意。的确上海博物馆多功能厅从其功能设施和内部的装修上都堪称一流，达到了柯妮所希望的：世界最好的博物馆多功能报告厅，亚洲最先进的多功能报告厅。

　　为感谢柯妮对上海博物馆所作的贡献，在报告厅走廊上特别挂了一块牌子，上面用中英文写着"斯蒂文、柯妮·罗斯多功能报告厅"。柯妮和上海市政府的领导、上海博物馆的陈燮君馆长共同为多功能报告厅揭幕。

　　上海博物馆多功能报告厅正式启用后，已经在此召开过多个重要的国际会议。成为中国博物馆界开展国际交流的重要场所，随着中国对外开放的不断深入，柯妮援建的上海博物馆多功能报告厅将为中国博物馆界走向世界发挥更大的作用。

参加完上海博物馆的活动，我陪同柯妮一行又包了一架专机赴丝绸之路参观。先到西安，又去了敦煌、吐鲁番、乌鲁木齐和洛阳。在敦煌，柯妮第一次看到了中国的石窟寺，她被每个石窟内那千年前娴熟逼真、色彩鲜艳的壁画所震撼，也被当年那些默默无闻的画工们所创造的不朽艺术所感动。柯妮在每幅壁画前驻足良久，认认真真地感受那些壁画上的人和物带给后世的启迪和艺术上的巨大感染力。她还将敦煌所有的出版物悉数买下，她要把这里看到的一切永远留在心中。

敦煌研究院院长樊锦诗亲自陪同柯妮参观，我特别向柯妮介绍了樊院长的情况：樊院长从北京大学考古系毕业时只有24岁，便开始到敦煌工作。当时敦煌的条件十分艰苦，这位瘦弱的杭州姑娘不畏险恶的工作、生活环境，以坚强的意志和对敦煌事业的挚爱，三十多年来克服了常人难以克服的种种困难，扎根沙漠，为敦煌的研究和保护事业奉献了自己的大半辈子，并为敦煌今天的发展做出了巨大的贡献。樊院长的不平凡经历和为文物事业坚忍不拔的奋斗精神同样令柯妮十分钦佩。当柯妮听说敦煌壁画的科技保护仍是十分尖锐的问题时，主动提出愿意捐赠五万美元用来购买保护壁画用的设备。

在吐鲁番、乌鲁木齐、洛阳，柯妮都接触到大量精美的中国文物，这一切都使她赞不绝口，她被中国古老的、源远流长的历史文化所折服，被中华民族创造的灿烂文化艺术所溶化。也被为保护和继承中华文明而默默工作的这些文物工作者的敬业精神所感动。每到一地柯妮都执意要捐助当地博物馆一些费用，以表达她对各个博物馆的敬佩和感谢。这一路柯妮就像传说中的散财童子将美好的祝愿和真诚的帮助留给了各地博物馆。

这就是我的美国妹妹，一个美丽、高雅、善良，对中国古代文明，对中国充满了爱的美国女士。和柯妮的相识、相交是我的缘分，我们能成为异国的姐妹更是冥冥中上苍的安排。我们的友谊将陪伴我们终身，无论什么时候、无论在什么地方，我们都知道在遥远的东方或西方，我们都永远有一个好姐妹在祝福对方幸福、健康和快乐！

世界上最棒的翻译——梅缵月

梅缵月女士是我所见过的世界上最棒的翻译，这可真不是吹牛的，我想与她接触过的人都会同意我这个观点，相信包括朱镕基总理也不会反对。我和梅女士相识已经十余年了，我真的很佩服她渊博的学识和高尚的人品。

我们相识既不在中国也不在美国，而是在荷兰，那次她是专程陪美国时代华纳公司总裁夫人罗斯到荷兰的马斯特里赫特与我见面。在马斯特里赫特的一座饭店门口，我一下车就看到一位个子不高、戴眼镜的中国女士，她十分有礼貌地对我说："您是王立梅女士吗？我叫梅缵月，我是罗斯夫人的翻译。"她用那双睿智、友善的眼睛看着我，使我第一面就对梅小姐产生了好感。那天晚上我和罗斯夫人谈了很多，谈到中国的文化、中国的历史和中国的现状，梅小姐那娴熟自如的翻译，着实使我们的对话好像完全没有了语言的障碍，我还真是第一次碰到水平这么高的翻译，不但语言好而且知识渊博。一般翻译对文物的很多专有名词都很怵头，而梅小姐不但不怵，还能给罗斯夫人解释中国文物的一些外

挚爱与奉献

——我所参与的中国文物对外交流

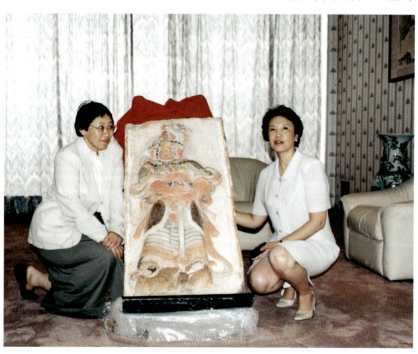

2000 年 6 月，在纽约中国领事馆与梅缵月小姐参加石雕捐赠仪式

国人很难理解的地方。

　　梅缵月祖籍广东，父母亲生长在马来西亚和新加坡，很多年前移居纽约，梅女士生在纽约，长在纽约，是地地道道的纽约人。梅小姐的名字"缵月"的"缵"是古字，很多人都不认识，"缵"字是继承发扬的意思，能为女儿起这样的名字说明她的父母对祖国文化有着深厚的底蕴，我想这点对梅小姐的影响应该是根深蒂固的。土生土长的纽约人梅小姐在美国接受教育，不会有学习中国历史和文化的机会，更不容易能说纯正的汉语。但梅小姐告诉我她过去有哮喘病，尤其是在干燥的气候下容易发作，纽约的气候使她经常受到病痛的折磨，父母不忍心看到爱女受此磨难，就将她送回香港上学，这样她就有了接触学习中国文化历史和语言的环境。有一次，她去台湾因为不会说国语，被台湾人奚落的不轻，这深深地刺激了她，她决心要学好国语，不能再忍受这种侮辱。在香港上学时，除认真学习祖国的历史文化外，梅缵月也总是找说国语的台湾人打桥牌，慢慢的，她这个老广就由半生不熟的香港国语到能说一口纯正的国语了。

　　随着年岁的增长，梅缵月的哮喘病也好了，她又回到美国上学。凭着优秀的成绩，梅缵月考上了全美国最好的一座女子大学Bryn Mawr Collge，因为当时的哈佛、耶鲁等名校均不招收女生。人们评价宋氏三姐妹就读的韦斯理女子大学是培养总统夫人的学校，而梅缵月所上的Bryn Mawr大学是培养女总统的学校。梅缵月以全优的成绩从大学毕业，又考上哈佛研究生院并在哈佛取得历史学博士学位。哈佛毕业后，梅小姐在加州大学任教，教授中国历史和在美国的亚裔历史，达八年之久。

　　自从梅缵月开始专门从事翻译工作后，由于她有广博的知识，对中美两国文化历史的深刻了解和中英两种语言超凡的能力，使她在担任翻译时游刃自如，为中美各界人士提供了最准确、最完美的交流条件，为中美双方搭建起一座又一座沟通的桥梁。梅小姐在中美翻译界可是大腕，无论是同传，还是交翻，她都是佼佼者。美国各界重要人物出访中国经常要请梅小姐担任翻译，而中国重要代表团出访美国，除了美方会请梅小姐出山外，中国代表团也会通过使馆请梅小姐担任重要活动的首席翻译。梅小姐曾为国家主席李先念、全国政协主席李瑞环等国家领导人访美时担任翻译。朱镕基总理访美时，朱总理还亲自点名让梅缵月为他的几次重要的讲话担任翻译。而中美两国举办的各种双边重要的会议更是少不了她。正因如此，梅女士每年都会多次往返美国——中国、中国——美国的航程中，美国各大航空公司都在争夺这位航程最多的旅客，梅小姐每次乘机除享受一等舱的待遇外，免费飞五大洲的机票也是年年由航空公司主动奉送。

梅小姐陪过的美国代表团不计其数，其中不乏美国最重要的政界人物、商界巨子、各界名流。每个代表团都有不同的专业和访华的任务，不管是政府团、军事团、经济团、法律团，还是各种各样的专业团组她都能胜任。这得益于她渊博的知识和不断学习的敬业精神。梅小姐的翻译水平虽然已经非常高了，但每次陪团前，她都会认真地了解代表团访华的目的和谈判的内容，对自己不熟悉的领域她就去查找有关资料做好案头的准备工作。正因为如此，所以只要是她一出现，担任中外翻译的先生、小姐们基本上都不张嘴了，全等着她来翻译。有的翻译对我说："梅小姐的翻译太完美了，我们在她面前真的不敢开口。"

梅小姐也喜欢陪不同的代表团，她觉得这也是再学习的机会，可以使自己不断地接受新知识和了解不同的人。她曾对我说："陪军事代表团是最容易的。"有一次她陪一个美国军事代表团访问中国，全体团员都是美国的将军。他们在北京国际饭店下榻后，第一件事是每人向她要一张北京市地图，请她在地图上标出饭店的方位，然后集体对表把时间都调整为北京时间，第三就是请她告诉每天的活动集合时间，这就够了。第二天早上6点将军们都起床了，从国际饭店跑到天安门再跑回来，据说美国军队对军人的体重是有规定的，如果超重了就会要求你限时减肥，如果减不下去，那对不起，只好复员了。所以每个军人都很注意自己的体态，长年养成早起跑步的习惯，即使在出访国外也不改变。跑步回来后，将军们洗漱完毕，吃完早点，8点整全体都在大堂集合出发。梅小姐说这次陪团简直太轻松了，不用像陪其他团那样叫这个等那个，总有不同的问题使人操心费力。军人团最注意的是礼仪，什么活动应穿什么服装，有军便装、军常服、军礼服。他们唯一要求梅小姐的就是每天要告诉他们应该穿哪种军服，这是和其他代表团的不同之处。

梅缬月参与过无数次的中美政府高层的会谈，也参加过多次中美高科技部门的座谈。每年一次的中美市长会议，梅小姐都是必不可少的人物。陪同美国大公司的总裁考察中国的投资环境更是家常便饭，但她最喜欢的还是和文化历史有关系的工作。正因为如此，我们有了频繁的接触和交往。十几年来我们不仅是工作上的合作伙伴，也成为了好朋友，我们俩都属猪，我比她大几个月，所以我称她为"猪妹"，她称我为"猪姐"。最有意思的是，有一次梅女士给我发电子邮件署名"猪妹"，我的同事看了后对我说："今天计算机出问题了，梅缵月的名字莫明其妙地写成了'猪妹'。"

我真是感谢我的猪妹在我与美国各界友好人士接触中所起的重要作用，每次我去纽约，只要有猪妹在，我就感到踏实，不管是与美国华纳时代公司前总裁夫人柯妮·罗斯，还是与美国著名收藏家安思远的交往，都是由于有梅小姐，使得我们能充分的交流和沟通。正是由于这座金色的桥梁，我和柯妮·罗斯、安思远等美国友人才能成为挚友，才会使他们热心关注中国的文物保护和博物馆工作。无论是罗斯夫人对上海博物馆多功能厅的捐赠，还是安思远先生送回五代王处直墓石雕武士俑，直至安思远先生收藏的北宋《淳化阁帖》的回归，梅缵月都是功不可没的。

梅缵月对祖国的文化和历史不仅热爱而且是极其有研究的，她对中国的文物保护工作和博物馆的建设也十分关注，总是尽自己的力量去进行帮助。美国梅隆基金会是全世界最大的文化教育基金会之一，1999年梅隆基金会除投入巨资对流散在世界各地的敦煌文书进行数字化外，还提出了与敦煌艺术研究院合作，对部分洞窟的敦煌壁画进行数字化拍摄并输入计算机拼接，这样可以达到永久保存壁画的要求。梅隆基金会希望通过对全球敦煌壁画和文书的数字化，建立一个完整的国际敦煌艺术档案，以利于促进敦煌艺术的传播和研究。敦煌文物研究院则可以利用这份完整的敦煌档案，查询和研究早年流失海外，长年被各国深藏不露的敦煌文书的全貌。梅隆基金会还将通过合作，帮助敦煌文物研究院培养数字化拍摄和计算机处理的人才。

考虑到这个合作项目有利于敦煌壁画的保护，有利于培养中国在数字化技术方面的人才，有利于了解和研究流失海外的敦煌文书，有利于扩大敦煌艺术在国外的影响，国家文物局对这个项目给予了支持和批准。梅小姐自始至终参与双方的谈判，有了她的积极沟通和促进，美国梅隆基金会对敦煌壁画进行数字化的工作才得以顺畅的进行。为了敦煌项目，梅女士不管是在滴水成冰的严冬还是在酷热难熬的盛夏，都义无反顾的陪同梅隆基金会的专家一次又一次的奔赴敦煌，与敦煌文物研究院的领导研究合作细节、实地拍摄壁画、帮助敦煌文物研究院的有关人员学习和掌握先进的数字化技术。在美国专家的认真传授下，敦煌文物研究院的学员们认真刻苦地学习和实践，现在中国的学员已完全掌握了壁画的数字化拍摄和计算机拼接技术。同时为了使敦煌文物研究院在壁画版权上获得最有效的保护，梅女士又多次陪同梅隆基金会的律师与中国律师对协议条款进行讨论，使梅隆基金会与敦煌文物研究院合作协议中对中方版权保护的条款成为中外合作中中方版权保护最全面、最彻底的典范。

2000年5月，梅缵月陪同我拜访了在纽约的梅隆基金会总部。我向梅隆基金会会长谈到中国随着经济的发展各地都在建造博物馆，但由于长期以来中国博物馆事业与西方博物馆发展的差距，合格的博物馆馆长尚嫌不足，希望梅隆基金会能在培养中国博物馆高层管理人员方面给予帮助。我的要求得到梅隆基金会的高度重视，很快就给予了肯定的答复。从此，梅女士又担负起梅隆基金会协助培训中国博物馆高层领导项目与中方的联络人。

梅隆基金会对培训中国博物馆馆长高层管理人员项目十分重视，专门请教育学专家、哈佛大学校长夫人鲁登斯坦夫人担任。鲁登斯坦夫人是一位非常认真负责的女士，她本人在教育培训方面有十分丰富的经验。

2000年，在纽约梅隆基金会与基辛格和鲍文会长合影

2000 年 6 月，在纽约与梅隆基金会鲍文会长合影

在鲁登斯坦夫人的主持下，由美国纽约大都会艺术博物馆、华盛顿佛利尔博物馆、芝加哥艺术博物馆等组成的项目委员会和梅缵月等人专门对培训人员的选拔、培训内容的落实进行专题研究，我作为国家文物局的代表也参加了会议。说真的，我被梅隆基金会对中国博物馆事业的无私援助深深的感动，同时也对鲁登斯坦夫人严谨的工作作风和认真细致的工作态度留下了深刻的印象。有梅小姐作为会议的翻译，我们交流十分顺畅，也十分高效，不管是纽约大都会艺术博物馆、芝加哥艺术博物馆，还是华盛顿佛利尔博物馆，都对培训中国博物馆馆长给了了热情的支持。

中国博物馆馆长赴美培训项目在美国梅隆基金会的赞助支持下，在美国纽约大都会艺术博物馆、芝加哥艺术博物馆和华盛顿佛利尔博物馆的热情帮助下，在梅缵月女士的积极促进下，三年来为北京故宫博物院、上海博物馆、山西省博物馆、湖北省博物馆、天津艺术博物馆等单位培训了数名副馆长以上博物馆高层管理人员，使这些博物馆馆长开阔了眼界，增长了现代博物馆的管理意识，学习了先进的博物馆管理理念，相信他们的学成归来将会使中国的博物馆管理注入新的血液，使21

2001 年，在纽约与大都会美术博物馆馆长蒙特伯乐合影

2001 年，在纽约与鲁登斯坦夫人合影

世纪的中国博物馆产生巨大的变化，使中国的博物馆逐步赶上和超越西方的博物馆。

2003年在即将完成敦煌项目的时候，梅缵月女士又陪同美国专家赶往西安考察了蓝田宋代水陆庵彩塑的现状。在这座千年古寺中，面对层层叠叠精雕细刻的三千多个栩栩如生的彩塑人物和建筑，梅女士和美国专家不能不为中国宋代高超精湛的泥塑艺术感到惊叹，也对彩塑岌岌可危的现状所担忧。回美国后，他们将一份详尽的报告送到了梅隆基金会，报告中强调利用数字化拍摄及时将全部彩塑的资料保存下来是水陆庵实施保护计划中至关重要的一步。陕西省文物局也正式向梅隆基金会提出要求给予援助的申请。此后梅缵月女士通知我此项目已获梅隆基金会的批准，2004年春天项目将启动。

应该说，美国梅隆基金会对中国文物保护和中国博物馆充满热情、实实在在的帮助，在中国的文物博物馆界产生了极为重要的影响，在一定程度上促进了中国文物保护事业和博物馆事业的发展，梅缵月女士在中美双方的合作中起到了重要的作用。正如2003年梅隆基金会会长在一次宴会上所说的："没有梅小姐，我们和中国的合作不会这样顺利，她的作用是任何人不可替代的。"

梅缵月女士学识渊博，能力超群，是典型的事业成功的女士，也是一个十分注重感情的人，记得八年前当得知她的姐姐患上癌症时，我第一次也是唯一一次看到梅女士难过地掉下眼泪。而后这八年，梅女士悉心地照顾着姐姐，将救助姐姐的生命作为她这几年最重要的事情。为了治好姐姐的病，她四处去寻医访药，每次回到中国都会为姐姐买滋补身体的中药，每次姐姐化疗她都亲自陪着，为了不耽误陪姐姐的治疗，她毫不犹豫地推掉了很多重要的接待任务。当姐姐身体有一段恢复的不错时，为了使姐姐开心，梅女士专程陪姐姐到风景秀丽的挪威度假，了却了姐姐一直梦想到北欧旅行的愿望。就是在这位充满爱心的妹妹的无私照料下，姐姐的身体创造了奇迹，和姐姐同期患病的病友一个个早走了，而梅小姐的姐姐却比大夫当初预计的年限多活了好几年。

梅缵月不仅对自己的亲人有着浓浓的亲情，而且总是尽自己的力量帮助祖国的同胞。据我所知她曾帮助国内优秀的妇女人才争取到奖学金得以在美国哈佛大学等高等学府深造，对祖国的失学儿童她也充满了爱心，当她听说甘肃农村有很多家庭贫困的孩子辍学需要帮助时，毫不犹豫地拿出钱来委托当地教委转交给希望小学，帮助失学的儿童。

这就是我所认识的梅缵月，她不仅是最棒的语言大师，更是中美交流中不可多得的人才，是一位值得我们尊重和信赖的朋友。

以光大中华文明为己任的徐展堂先生

　　徐展堂先生是香港著名的企业家，也是享誉世界的文物收藏家。我和徐展堂先生相识已有二十年，二十年来我亲身感受到他对祖国的拳拳报国之心，对弘扬、保护中华文明的挚爱之情，对朋友的古道热肠。

　　徐先生热爱中国文物是有目共睹的，也可以说达到了痴迷的程度。他不仅收藏文物，而且潜心研究中国文物的历史和各类文物的艺术特点，徐先生对中国文物的鉴赏水平已不是一般收藏家可以比拟的。徐先生只要听说哪有好的文物，不管是拍卖行出售的，还是私家的收藏，他都会不远万里千方百计的去寻找，并倾其全力将其收购回来。多年来徐展堂先生从国外购回的珍贵文物不计其数，使得很多流失海外的遗珍重新回到炎黄子孙的手中。

　　很多收藏家对自己的收藏是讳莫如深，藏于密室中轻易不拿出示人。而徐展堂先生却是在香港设立了"徐氏艺术馆"，将这些代表着中华文明五千年的珍贵文物陈列出来，让更多的中外人士欣赏，让更多的中国人通过参观这些古代艺术品了解自己民族的历史而激发爱国之心，让更多的海外朋友通过这些中国文物了解到中国对世界文明艺术的伟大贡献。

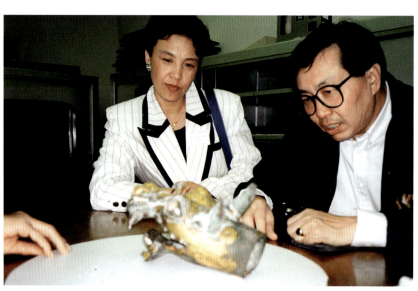

1994 年 5 月，在华盛顿与徐展堂先生在佛利尔博物馆看青铜器

徐先生多年来为了弘扬中华文明，不惜重金在海内外八个地方设立了"徐展堂中国艺术馆"，这些艺术馆所在博物馆是：香港徐氏艺术馆、上海博物馆、香港大学美术博物馆、香港文化博物馆、英国维多利亚艾尔博特艺术博物馆、美国芝加哥艺术博物馆、加拿大温哥华艺术博物馆、澳大利亚国家艺术博物馆。通过这些博物馆内"徐展堂中国艺术馆"对中国文物的展示，极大地提升了中国文物在海外的影响。

徐先生曾对我讲过他赞助第一个海外博物馆——英国伦敦的维多利亚艾尔博特艺术博物馆的经历。那是上个世纪70年代末，徐先生听说维多利亚艾尔博特博物馆收藏的中国文物十分珍贵，专程从香港飞到伦敦去参观，他去的那天恰逢博物馆不开放，徐先生第二天就要回国，就与当时看门的先生说明了原因，这时正好博物馆的一位工作人员路过门口，知道了徐先生的情况后，马上将徐先生请到博物馆专门参观了中国文物的收藏。看到维多利亚艾尔博特博物馆收藏的中国文物如此精美，却没有专门的中国文物陈列厅，中国文物和其他亚洲文物混在一起展出，大大降低了中国文物独特的魅力和影响。他看后心里久久不能平静，从那以后他就萌生了在国外建立专门展示中国文物展厅的想法。1988年，徐先生捐巨资为英国维多利亚艾尔博特博物馆修建了"徐展堂中国艺术馆"。在维多利亚艾尔博特博物馆里，"徐展堂中国艺术馆"设施最先进，陈列形式最典雅，中国的玉器、青铜器、佛造像、瓷器及其他文物在这里能够最大程度地展现出它们那历经几千年的不朽的艺术魅力。"徐展堂中国艺术馆"开馆时英国王储查尔斯王子亲自莅临剪彩。几年来"徐展堂中国艺术馆"已成为维多利亚艾尔博特博物馆内最受观众推崇和喜爱的展厅。

从在英国建立第一个"徐展堂中国艺术馆"后，徐展堂先生看到了建立中国文物展览馆在海外弘扬中国文明的影响是巨大的，从此后他就一发不可收的捐重金连续在美国、加拿大、澳大利亚的博物馆内修建了"徐展堂中国艺术馆"。

我有幸应徐展堂先生之邀，参加了在美国芝加哥艺术博物馆内"徐展堂中国艺术馆"的开幕活动。这座"徐展堂中国艺术馆"的建立也有一段故事。那是上个世纪80年代末，徐先生听人说美国芝加哥艺术博物馆收藏的中国文物十分丰富，他专程去探访，结果到芝加哥艺术博物馆后，发现在这里根本没有陈列中国文物的展厅，而在库房里收藏的中国文物数量之多、质量之精都使徐先生感到十分意外。这些珍贵文物很多都是美国收藏家捐赠给博物馆的。由于没有中国文物的陈列厅，六十多年来这一大批稀世之宝一直沉睡在库房里。徐先生从芝加哥艺术博物馆出来后，心里十分难受，那一件件令人过目不忘、见证着中国古代辉煌与繁荣的艺术品不断地在他的脑海中闪动，不能再让这些中华瑰宝永远沉寂下去，一定要将它们展现出来。在这一刻徐先生毅然决定由个人捐资在芝加哥艺术博物馆建造第二个"徐展堂中国艺术馆"。

1993年5月，在芝加哥艺术博物馆举行了盛大的"徐展堂中国艺术馆"开幕典礼，芝加哥各界名流五百余人出席了这次盛典。在芝加哥艺术博物馆的大厅里五星红旗格外醒目，由徐展堂先生的夫人王咏梅女士题写的"徐展堂中国艺术馆"几个汉字颇具大家风范。来宾们在新建的中国文物馆内欣赏着这些来自古老中国造型典雅的玉器、纹饰奇特的商周青铜礼器、形态逼真的汉唐彩陶俑、有稀世之宝之称的宋代五大名窑的瓷器、元明清的名家绘画等，这些艺术品深深地感染着每一位参观者，中国五千年的璀璨文明使美国人民进一步了解了中国。人们纷纷向展厅的捐助者徐展堂先生表示敬意，感谢他献给芝加哥人民一份厚重的礼物，使芝加哥有一个永远能欣赏到中国最美好艺术的展厅。

我们也纷纷向徐展堂先生表示祝贺，徐先生如数家珍般地向我们介绍着每一件展品并说："今天我真是

1993年5月，在芝加哥参加"徐展堂中国艺术馆"开幕与徐展堂先生合影

开心，那些沉睡多年的文物终于可以将它们的美丽展现出来了，让美国人真正了解什么是中国的文化。"

继英国、美国之后，徐展堂先生又向加拿大和澳大利亚相继捐建了"徐展堂中国艺术馆"。在澳大利亚国家艺术馆徐先生不仅捐建了最现代化的中国文物展厅，又因为澳大利亚收藏的中国文物不多，他又专门为澳大利亚国家艺术馆捐赠了29件珍贵文物，为"徐展堂中国艺术馆"的中国文物展示增添了光彩，也促进了澳大利亚对中国文物的展示和研究工作。

徐展堂先生不仅在国外捐助了多个中国文物艺术馆，而且对从事中国文物保护的单位也积极给予支持和帮助。90年代，加拿大部分热爱中国文物的人士发起并成立了加拿大中国文物保护基金会。为了筹集基金，该基金会专程到香港拜访知名的企业家，寻求香港企业界的支持和帮助。徐展堂先生知道后慷慨地拿出几件珍贵文物捐给加拿大中国文物基金会作为筹款晚会义卖的文物，筹款晚会上，他捐赠的文物义卖反响热烈，大家都纷纷出高价争相收购徐先生的文物，筹款晚会得到了极好的收益，义卖所得全部作为加拿大中国文物保护基金。

徐展堂先生对我们在国外举办的中国文物展览也给予了积极的支持，1991年我们在意大利罗马举办"黄河文明展"时，徐先生专程携夫人和几个朋友从香港飞抵罗马，参加了中国文物展的开幕活动。当时意大利举办方都为香港著名企业家能来出席罗马的展览开幕表示十分荣幸。2000年我们在巴黎举办"中国考古新发现展"，我们代表团刚抵达巴黎，徐展堂夫妇已专程在我们下榻的旅馆等着我们了。看到远道而来的徐先生夫妇，我们代表团都很感动，这真是异乡遇故友，好不快活！我们深深地感受到徐展堂对祖国、对弘扬中华文明赤诚的热爱。

在徐展堂先生的积极支持和推动下，中华文明的研究在欧美各国越来越得到各界人士的重视。通过对中国渊源流长五千年文明的研究，欧美各国开始真正了解中国，只有了解中国过去对人类所作的巨大贡献，才能了解今天的中国在世界上不可替代的作用。徐展堂先生正是由于致力于弘扬光大中华文明得到了各国政要的尊重，法国总统希拉克是徐先生的挚友，每次希拉克总统与徐先生会晤，他们谈的最投机的是中国的文化历史，最高兴的事是一起欣赏中国的文物。希拉克总统在为中国领导人江泽民、胡锦涛访问法国举办的国宴上，每次徐展堂先生都是法国总统的特邀嘉宾。英国戴安娜王妃也是徐展堂先生的好朋友，戴妃曾应徐展堂先生的邀请专门到香港进行了访问。戴安娜王妃将徐先生当作自己的知己，徐先生是她在去世前两天在巴黎见到的最后的朋友。

徐先生和古巴总统卡斯特罗也有着一段鲜为人知的友情。上个世纪90年代初，徐先生和香港十几个朋友访问古巴，在参观古巴最大的雪茄工厂时发现由于经费紧缺，没有专门置放烟叶的冷柜，致使很多烟叶因气候炎热而变质。工厂的卷烟完全是手工操作，不仅产量低，而且工人也很辛苦。徐先生马上向同来的朋友们倡议为古巴雪茄工厂捐钱，帮助他们购买冷柜和卷烟机。徐先生的建议得到了大家的响应，这样以徐展堂先生为主的香港代表团为雪茄厂捐助了一笔数额相当大的款项。这可真是不小的一笔费用，用这笔钱解决了古巴雪茄厂的设备，使他们的产量得到了大幅度的提高，增加了出口量，为古巴赚取了更多的外汇。这件事很快就报到卡斯特罗那里，卡斯特罗十分感动，派他的弟弟劳尔·卡斯特罗专程到香港向徐展堂先生致谢，劳尔·卡斯特罗不仅带去了古巴雪茄厂全体工人对他的感谢，还特别带去他哥哥对徐先生的敬意。劳尔·卡斯特罗特意问徐先生为什么愿意帮助古巴，徐先生说："因为你们是美洲唯一的社会主义国家。"

徐展堂先生在国内慷慨地为上海博物馆捐资100万美元建造了"徐展堂陶瓷馆"，为国家文物局下设的中国文物保护基金会捐献了100万港币，作为专项保护基金。他还曾在参观四川三星堆出土文物后，捐款支持了三星堆遗址的进一步发掘。1999年陕西省文物局得知徐展堂先生在巴黎购回陕西唐昭陵失盗的壁画一幅，立刻请我与徐先生联系，希望徐先生能将这幅壁画捐赠给陕西省文物局。我将陕西省文物局的要求转达给徐先生后，徐先生表示如果他买的这幅壁画的确是陕西唐昭陵被盗文物，他愿意无偿捐回陕西。为确认壁画的真伪，徐展堂先生还特意邀请了陕西两位专家专程到香港对壁画进行鉴定。经鉴定认为此壁画不是唐昭陵失窃的文物，而是后人仿制的。

徐展堂先生是香港首个建立个人收藏博物馆的著名收藏家，而且"徐氏艺术馆"已成为向香港市民和来港海外游客介绍和弘扬中华文化艺术最好的博物馆，也成为香港旅游的一项重要活动。每次到香港，我都会去参观"徐氏艺术馆"，艺术馆有五个展厅和两个仿古书斋，展出六百余件珍贵文物。我喜欢那里典雅的陈设和那些令人不能忘怀的中国

——我所参与的中国文物对外交流

1996 年，在香港徐氏博物馆与陕西专家检查壁画

艺术品。看着那琳琅满目的中华瑰宝，我心中涌动的是对先民的敬重、是民族的自豪感，同时我也知道这一件件国宝都凝聚着徐先生的心血，浓缩着徐先生对中华文明的热爱。徐先生是成功的企业家，他完全可以过奢华的生活，而徐先生对穿名牌、坐名车，出入灯红酒绿的场所完全没兴趣，他将他的钱都用在收藏、弘扬和保护中国文物上了。

　　徐先生最爱结交的也是文物界的朋友，他不管在香港或是在北京，很多文物专家都是他经常往来的朋友，如王世襄先生、马承源先生、汪庆正先生、耿宝昌先生、杨伯达先生、李伯谦先生等，都是徐展堂先生的挚友。徐先生每次到北京参加政协常委的会议时都会抽空邀请这些专家学者到家里做客，徐先生和这些专家学者谈文物、谈历史，切磋文物鉴定心得，每当这个时候他爽朗的笑声会在他北京东城四合院的家中回响，这也是徐先生感到最高兴的时候。徐先生在国内出差时最喜欢参观的地方也是博物馆和文物古迹，他几乎参观遍了各省市的博物馆和名胜古迹，并和各地的文物专家成了好朋友。为了让更多的香港人了解祖国的文化历史，徐先生还多次组织香港的各界名流到国内参观博物馆和文物古迹，通过参观和考察使这些香港的知名人士们增进了对祖国的了解，拉近了他们与大陆的感情。我曾代表国家文物局作全程陪同，在90年代初接待过徐展堂先生组织的香港文物参访团，在这个参访团中除了一些大企业家外，还有不少在当时港英政府中担任高级职务的先生。在访问中，徐展堂先生总是亲自为大家介绍各博物馆的藏品，介绍大陆各地改革开放以来的变化，鼓励大家到大陆来投资建厂，共同为祖国的繁荣贡献力量。通过两周的参观访问对这些人有很大的触动，改变了不少他们对大陆原来固有的一些看法，当时就有好几位香港企业家与当地有关部门签署了合作意向。

徐展堂先生对研究中国文物的人才也是尽可能的给予帮助和支持。北京有一位专门研究制作中国古家具的田家青先生，年纪不大，但在对古家具的研究和制作上可是个不可多得的奇才，徐先生就不断地鼓励田先生和他一起研究分析古家具的特点，主动收购田先生的作品，还推荐给朋友们。正是在像徐先生这样的朋友的不断支持下，田家青先生通过自己不懈的努力，他现在制作的中国古家具已成为国内外收藏家和博物馆竞相收藏的作品。

还有一位由北京故宫博物院去美国旧金山艺术博物馆学习工作的女士，这位女士是研究中国古代陶瓷的，当时旧金山艺术博物馆还没有雇用她，她是以学生的身份在博物馆实习，还不是博物馆的正式工作人员，每年需支付给博物馆不菲的培训费。这对一位在美国举目无亲的女士来说，的确难以继续在博物馆学习工作。徐先生并不认识这位女士，但是知道她在中国古陶瓷研究上颇有造诣，是一位可造之才。当他听说这位女士所面临的困难时，毫不犹豫地决定为这位女士向旧金山艺术博物馆支付每年不菲的费用，赞助这位女士完成在美国博物馆的学习。在徐先生的帮助下，经过几年的学习和工作，这位女士用自己的能力赢得了博物馆的认可，现在她已正式成为旧金山艺术博物馆东方部的工作人员，并主要负责中国古代陶瓷的研究工作。

这就是我所认识的，热爱祖国历史文化，将弘扬和保护中华文明为己任的徐展堂先生。

何鸿章先生的中国情节

　　何鸿章先生是一位成功的英籍企业家，他与中国有着千丝万缕的联系，他的祖父何东爵士是已故香港首富，也是开发香港早年最具影响的著名企业家，其家族曾对香港的繁荣作过重要贡献。何鸿章先生的曾祖母和祖母都是中国人，在他的血管里流淌着八分之一的中国血脉。抗日战争期间，何鸿章先生全家住在上海，何先生亲眼目睹了侵华日军对中国人民犯下的滔天罪行。1938年日本人轰炸上海时，何鸿章的父亲何世俭的双腿也被炸断了，终身残疾。何鸿章先生在上海生活了十八年，后赴美完成其学业，上世纪50年代回到香港投身金融事业，除继承了祖父和父亲的家产外，并在香港创办了自己的四海证券公司，为他的金融和地产事业的发展奠定了坚实的基础。中国是他的第二故乡，不管是他本人还是何氏家族都和中国有着割舍不断的情结。

　　何鸿章先生是商业巨子，也是一位著名的慈善家，曾在欧美、东帝汶等地赞助文化教育事业和积极参与救助难民的活动。何先生对中国更是情有独钟，除在香港、澳门进行捐助外，对国内文物博物馆、医院等部门也是热情帮助。1996年何鸿章先生曾慷慨解囊为上海博物馆新馆提

1998 年与何东先生摄于香港

供25万美元的支持，建造了"何东轩"贵宾休息厅，专门接待尊贵客人。同年他听说一件春秋时期的重要文物吴王夫差的青铜盉流失到香港，并了解到上海博物馆对此器十分重视，毅然将这件"吴王夫差盉"买下，并无偿地捐送给了上海博物馆。

我第一次见到何鸿章先生是在庆祝上海博物馆新馆的开馆庆典宴会上，当时世界各国的博物馆都派代表参加了这次盛典，何先生作为对上海博物馆的建设做过贡献的国际友人出席了上海博物馆的建馆活动。我的好友唐小腴女士也是何鸿章先生的好朋友，唐女士特别向我介绍了何鸿章先生，当时我作为国家文物局的外事办公室的主任，特别向他表示敬意，感谢他对上海博物馆所作的无私贡献和支持。

从此，何鸿章先生与国家文物局建立起了很好的关系，他来北京时经常与我们联系，他对中国的文物保护工作十分关注，尤其是看到大批的中国文物流失海外十分的焦虑，不止一次地主动要求帮助中国争取流失海外的文物的回归做些工作，何先生也曾通过朋友的关系向我们提供过有关中国文物流失到英美的情况，为我们及时了解中国文物的流失状况及欧美海关对中国走私文物的态度，提供了极为重要的信息。

记得当时我们正与英国方面打官司，追索走私到英国海关的几千件中国文物，这是我们首次在国外法庭打官司，请的都是当地的律师，所以英国律师要什么钱我们都得付，为此花费了相当高的律师费。何鸿章先生知道后，马上找了英国法律界的朋友咨询了此事，提出了很好的建议，这样我们可以不必枉付这么高昂的律师费，由于诸多的原因，我们没有采纳何先生的意见。虽然官司打赢了，文物也追回来了，但国家也支付了相当不菲的一笔律师费。

何鸿章先生对中国的古代文化十分推崇和热爱，每次来中国他都会去参观中国的博物馆，对博物馆内的收藏他很是欣赏。但看到博物馆内的陈旧设备，他总是不止一次的表示，这么好的文物放在这样破旧的柜子里太不相称了，也多次表示希望能为中国的文物博物馆事业做点事。

1998年，国家文物局为迎接新千禧年的到来，准备出版一套《20世纪中国文物考古发现与研究丛书》，全面总结20世纪中国文物考古事业所取得的辉煌成就，这套丛书将成为中国乃至世界了解中国文物考古工作的百科全书。我将计划要出版这套书的事告诉了唐小腴女士，希望她能向何鸿章先生推荐并赞助我们完成这套重要的丛书。唐小腴女士听我介绍后也认为这套书很重要，值得做，答应尽快与何先生通电话。我也马上发了一封传真给何鸿章先生，阐述了我们出版这套书的目的，希望得到何先生的支持。何先生接到唐女士的电话和我的传真后，立刻表示出版这套书很重要，他愿意支持这个项目，并根据我们的要求在第二个星期就将25万美元的支票寄到了国家文物局。何鸿章先生还特别声明这套丛书他将独家赞助，一定要将丛书出好，不管有什么要求尽管向他提出。

就这样《20世纪中国文物考古发现与研究丛书》在何鸿章先生的大力支持下，在全国文物考古工作者的积极配合下，经过几年的努力，全书60册有望于2007年出版完毕。目前已出版的几十本，面市后，受到广大读者的欢迎，有的已售罄，不得不再次印刷。我们相信这套凝结着中国文物考古工作者的心血，全面记录中国文物考古工作者在20世纪的巨大贡献的丛书，必将成为了解和研究中国20世纪文物考古的重要资料，而这套丛书每卷扉页上对何鸿章先生的致意也将和这套丛书一样记录在中国文物考古工作的历史中。

何鸿章先生不仅热心帮助中国的文物事业，对弘扬中华文明也是十分支持的，每次我们在欧美举办大型中国文物展，只要何先生知道，他都会挤出时间亲自前往参观，并祝贺展览的成功。1998年我们在美国纽约古根海姆博物馆举办"中华五千年文明艺术展"时，何鸿章先生携夫人专程从香港飞到纽约参加展览的开幕，当时开幕式的门票高达2500美元一张，何先生不仅自己和夫人参加，还特别买票邀请了唐小腴夫妇一起来为我们的展览致贺。我们代表团在纽约停留期间，何鸿章先生又专门在纽约著名的摩根俱乐部为中国文物代表团举办了午宴，还特别邀请了纽约的各界名流和金融、文化界的重要人物参加。何先生对我说："我要让更多的美国重要人物认识中国的古老文明和艺术，这样才会有更多的人帮助你们保护这些珍贵文物。"1999年我们在华盛顿国立美术馆举办"中国考古黄金时代展"时，何鸿章先生知道后，又计划为我们中国代表团举办大型晚宴。何先生原定他要亲自从香港赶来，后因他的夫人临时身体不适，何先生才改变了来华盛顿的计划，专门请女儿作为他的代表主持了为欢迎中国文物代表团在华盛顿的晚宴，当天的晚宴也可说是高朋满座，华盛顿不少社会名流和与中国有关的人士都应邀出席了这次活动。在晚宴上，很多美国朋友都向我们表示祝贺，大家都说通过中国的文物展他们重新认识了中国，也有很多朋友表示一定要去中国亲眼看看中国的发展和变化。

何鸿章先生虽然年过古稀，但一直热心关注着中国的发展和建设，20世纪80年代何鸿章先生创立了何东国际问题学会，从民间的渠道积极促进中美有识之士之间的了解和往来，在何鸿章先生的赞助和斡旋下，为中美关系的发展做出了一定的贡献。他还赞助修建淮海战役纪念碑林，缅怀为建立新中国而献身的革命先烈们。从80年代至今，何鸿章先生热衷于中国的公益事业，慷慨赞助中国的文化教育已达数千万人民币。作为中国人民的老朋友，邓小平、江泽民、叶剑英、邓颖超、杨尚昆等国家领导人都分别会见过他，对何鸿章先生对中国的友好帮助表示感谢。

这就是我所认识的令人尊敬的，对中国有着深深情结的英国老先生。

挚爱与奉献

——我所参与的中国文物对外交流

第六篇

重修和新建的两座花园

重修故宫建福宫花园

1911年辛亥革命推翻了清王朝，被废的清代宣统小皇帝溥仪和其家人仍住在后三宫内。由于宫内疏于管理，太监们频频偷盗宫中珍宝，到宫外换取钱财，一时间地安门外冒出了很多古玩店，店中出售的都是来自宫中的珍奇玩艺。末代小皇帝溥仪知道后十分愤怒，提出要整治朝纲，准备派人清点专门存放乾隆皇帝收藏的珍宝的建福宫花园库房。

建福宫花园建于乾隆年间，是当时乾隆皇帝专门命人建造的一处宫中花园。整个建福宫花园占地4000平方米，以延春阁为中心，周围分布着亭台楼阁，有静怡轩、慧曜楼、吉云楼、碧琳馆、妙莲花室、延春阁、积翠亭等，是一座集中国古代各式建筑之大成的皇家御苑。乾隆皇帝对此花园十分欣赏，将自己收藏的奇珍异宝和当时各地进贡的礼品等全都收藏在建福宫花园的建筑中。

溥仪要清点建福宫花园的消息传出，太监们生怕这一清点就会将他们的罪行败露，1924年6月27日夜里突然发生大火烧毁了整座建福宫花园及其建筑。据说当时火警是东郊民巷的意大利公使馆的消防队首先发现的，救火车开到紫禁城叫门时，守门的还不知道是怎么回事。这场大火经各处的消防扑救了一夜，方才熄灭。这把大火到底毁掉了多少东西，始终是个谜。据末代皇帝溥仪写的《我的前半生》中记载："内务府后来发表的一本糊涂账里，说烧毁了金佛二千六百六十五尊，字画一千一百五十七件，古玩四百三十五件，古书几万册。"这显然是大大缩小的一笔账，也已经够让人触目惊心的了，而烧毁的这些建筑更是对这座明清两代的皇宫——世界闻名的中国古代建筑群造成了无法挽回的创伤。

建福宫花园及其建筑被烧毁后，溥仪曾命人在此修过网球场。据说当时清理被烧过的灰渣中提炼出的金子，竟然铸出若干个大金塔。溥仪出宫直至解放后，建福宫花园遗址再没有动用过，一直是长满野草和小动物出没的一片荒凉的废墟。

1994年，长年定居美国的好友唐小腴女士对我讲："香港恒隆集团董事长陈启宗先生牵头成立了一个中国文物保护基金会(香港)，旨在赞助保护内地的文物古迹。"唐女士希望我推荐一些急需修复的文物项目给基金会，再由基金会董事会来确定赞助的项目和金额。唐女士自己也是香港文物保护基金会在美国的会员，一位热心的爱国侨胞，她的外祖父是国民党元老谭延闿，姨父是国民党前行政院院长陈诚，其家族和国民党四大家族有着密切的关系。唐女士利用自己特殊的社会关系从上个世纪80年代初开始与国内有关部门进行合作。曾介绍了多个有影响的美国大公司来中国投资，故宫博物院与美国录音导游公司的合作也是唐女士一手促成的。

我将香港基金会的要求及时地向局领导汇报，局领导和有关处室都认为这是件好事，决定由文物处准备需修复的项目清单提供给香港方面。很快我们就将需要修复的项目清单提交给了陈启宗先生。我记得提交的项目基本上是地方需要修复的古建和遗址，有河北正定宋代的天宁寺木塔、山西辽代的应县木塔、河北蓟县唐代独乐寺等国宝级的文物保护单位。

不久唐小腴女士就将陈先生的意见转达过来了。唐小腴说："陈先生认为提供的项目他认为都很重要，但是基金会的出资人大多数都是外国人，他们希望捐助的项目是他们了解的，也就是最好是在北京的有名的文物古迹。"

根据陈先生的意见我们又专门开会研究了几次，最后大家提到故宫被烧毁的建福宫花园能否复建。经过与故宫博物院商量，故宫古建部的专家认为如果能将已烧毁近七十年的建福宫花园复建起来，还故宫这座世界文明的中国古代建筑群以完整的面貌，是件大好事。所幸建福宫的文献资料故宫博物院还保存着，复建的设计应该没有问题。建福宫花园的地面建筑虽然烧毁了，地下的基础还好好的，不需再挖地基，这将十分有利于复建工程。

根据以上情况，局里同意将故宫建福宫花园的复建列入计划。由于故宫博物院是国家级文物保护单位，也是世界文化遗产，在故宫内进行建设必须报国务院审批。国家文物局按照要求，将建福宫花园的复建项目上报国务院，并得到批准。

国务院批准了此项目后，故宫古建部将建福宫花园的复建图纸和预算报了上来，预算当时的确是很保守的，只做了3200万人民币。

我和当时文物处处长晋宏逵将建福宫花园的复建图纸和预算交给了陈启宗先生。陈先生听说是故宫的项目就很高兴，他认为故宫是全世界著名的皇宫，能参与其保护工作一定会使捐钱的董事们感到满意，不过要在董事会上讨论通过后，再答复我们。

1995年春天，我到香港出差，正好唐小腴女士也在香港，陈先生特别邀请我们到他家里吃晚饭。在陈先生家里我们见到了陈老夫人及陈先生的太太和孩子们。出席晚宴的还有故宫博物院文物摄影组组长胡锤和恒隆公司的几位女士。

陈启宗先生的父亲是香港著名的实业家和慈善家，陈先生继承并光大了父亲的事业，如今的恒隆集团在地产等领域获得了巨大的成功，其资产已位列香港第九位。同时陈启宗先生也继承了其父乐善好施的善举，积极支持香港和内地的公益事业。陈先生为了鼓励内地数学领域的研究和发展，慷慨捐资2000万元成立数学基金，褒奖在数学研究上有成就的学人。这次成立香港文物保护基金会也是陈启宗先生倡导的，得到香港地区和欧美有识之士的支持，在大家的一致推举下，由陈先生担任董事长。

那天的晚宴上，保护中国的文物也就成了唯一的话题。我也就当仁不让的成为主讲人，我向大家介绍了中国文物的现状，介绍了我们的喜悦，那就是不断的有新的考古发现，还有我们的悲哀，那就是肩负的沉重的文物保护责任和严重的资金匮乏。我的讲述打动了在座的每一位，陈老太太表示过去不了解内地文物保护，原来问题那么严重，看来成立文物保护基金是非常必要的，要儿子一定要做好。陈启宗先生也表示一定要尽快与各位董事沟通，早日将故宫建福宫花园项目定下来，将基金用在最需要的地方。宴会完后，胡锤对我说："我还真不知道你这么能说，把大家都侃傻了。"我说："你当我不愿好好吃顿饭，还不是为了你们故宫，我混身的解数都使出来了。"

1995年下半年，香港文物保护基金会正式通知我们：同意出资400万美元，赞助故宫建福宫的复建工程项目。香港文物保护基金会对于这个项目十分重视，委派恒隆集团丘筱铭女士作为基金会的联络人和项目负责人。丘筱铭女士是陈先生的助理，毕业于美国斯坦福大学，是位非常认真负责的女士。

故宫博物院副院长裴焕禄是项目总负责，古建部负责项目的实施。国家文物局方面由我负责与港方的联络和协调，晋宏逵负责项目的业务指导。

由于香港方面希望国家文物局能自始至终地监督和协调这个项目的进程，并要求与国家文物局签订协议。国家文物局就用其民间身份——中华文物交流协会的名义，在1999年5月24日由陈启宗先生代表香港中国文物保护基金会，由张文彬局长代表中华文物交流协会，正式签订由香港文物保护基金会出资400万美元，无偿赞助故宫建福宫花园复建协议书。出席协议签字仪式的除国家文物局、故宫博物院和香港中国文物保护基金会的代表外，文史馆馆长、著名书法家启功先生也不顾年老体弱亲自到会祝贺，启功先生称香港中国文物保护基金会赞助复建这座早已烧毁的宫殿，还故宫本来面目，是功德无量的大好事。

协议签订后，香港文物保护基金会特别邀请了英国著名的古建石质文物修复专家到故宫来与中国古建专家一起研究复建方案。这位专家曾担任过世界古迹遗址保护基金会在尼泊尔和柬埔寨等地修复古代庙宇和石窟寺的技术顾问。双方讨论的方案除了复建的设计外，还涉及对原地面石材的保护和尽可能的使用原石材地面的问题。在这个问题上中外方有较大的差距，中方认为当时的大火已将大部分的柱础烧裂，这样的柱础继续使用是有隐患的。而英国专家的意见是应该尽量保持18世纪的原材料，如烧裂的部分只要是没有触及地下部分是可以通过加固继续使用的。双方本着对复建和保护负责的态度，决定对部分柱础进行加固抗力实验，如果能承受相应的重量则继续，否则就全部启用新的材料。

为了能再现18世纪建福宫花园的原貌，我们又请台北故宫博物院提供了一张18世纪的画家丁云鹏画的一幅建福宫花园界画的照片。丁云鹏绘画中的建福宫花园有如仙山楼阁人间仙境，似乎有很大的艺术再加工的嫌疑，所以也不能作为原始的参考资料。丘筱铭女士经过多方查找，终于在巴黎法国军队博物馆里找到了该馆收藏的1900年八国联军从高空

1999 年，在北京故宫启功先生参加签字仪式上合影

1999 年，在北京与启功、宿白先生合影

拍摄的故宫全景照片，在这些尘封多年的老照片里，专家们看到了当年未被烧毁的建福宫花园原貌。用这原始的照片和丁云鹏的绘画进行仔细地对照，专家们找出了建福宫花园实景和绘画中的不同之处，如绘画中的敬胜斋屋顶是正脊，而照片上的敬胜斋却是卷棚顶。这些老照片的确为复建工程设计提供了详实可信的参考资料。

故宫博物院有一个庞大的古建维修队伍，几十年来负责故宫古建的修缮工作，而承担复建工程却是第一次。为了能保证设计的质量，国家文物局专门请了有复建古建实践经验的河北省建筑设计研究院、浙江省古建筑设计研究院、北京市园林古建筑设计研究所、承德市文物局等单位的古建专家成立了专家小组，我们请的这几位古建专家都是活跃在各地古建战线，承当着重要古建的修建和保护重任的年轻有为的专家，由晋宏逵任专家组组长。专家小组的介入，对故宫的复建设计图进行审核，使复建设计在质量上有了根本的保征，这也为复建工作打好了坚实的基础。

在故宫古建部和专家小组的同力合作下，建筑设计图纸很快就通过了审核。

整个工程于2000年正式开始，中国文物保护基金会（香港）的代表丘筱铭女士也从这年3月正式进驻故宫，开始了长达数年的工程监督工作。丘筱铭女士虽然是美国斯坦福大学地质勘探专业的高材生，但她学的专业和复建中国古建真可谓风马牛不相及。可是丘女士对在故宫做复建工程既好奇又充满激情，她一切从零开始虚心向故宫的古建专家请教，对任何不懂的问题都会不厌其烦的、一遍又一遍的与专家探讨。正是得益于她一丝不苟的学习态度和兢兢业业的工作精神，短短时间丘女士就完全搞清楚了复建工程的各个环节的具体要求。别看丘女士是一位十分温柔的香港小姐，在原则问题上可是一点不含糊。只要她认准了的事，就一定要办成。丘筱铭真正成为建福宫花园复建工程最重要的质量监督员、关系协调员和公关大使。

也正是有故宫博物院的高度重视，中国文物保护基金会（香港）的实际支持和丘筱铭女士对工程质量的严格要求，整个复建工程完全按计划顺利进行，2001年4月延春阁上梁前，故宫博物院和中国文物保护基金会（香港）专门在延春阁前举行了上梁仪式。被邀请的嘉宾除北京著名的古建专家外，还有来自美国和香港的朋友。专家们仔细地

挚爱与奉献

——我所参与的中国文物对外交流

查看了延春阁的工程质量，一致认为是符合古建的修建原则，达到了优质建筑的标准。

延春阁上梁后，其他九个殿堂的复建也陆陆续续地全面铺开。为了保证工程质量，故宫博物院除任命最优秀的古建工程专家李永革负责全面的复建工程外，建福宫复建工程使用的原材料都是按照当年修建皇宫时工程使用的规格，如木头采自东北的深山老林，石头采自北京房山的大石窝，金砖专门在当年为皇宫烧造金砖的苏州定制，花园中假山的石料来自江苏宜兴的太湖，而那金碧辉煌的琉璃瓦来自北京郊区北安河专为皇宫烧制的御窑。

故宫博物院为使建福宫花园的复建尽可能的达到乾隆时期的风格，特别请对油漆彩画有五十多年研究经验的著名专家王仲杰先生负责彩画的设计，王仲杰先生仔细地查阅了清宫的大量彩画资料，并对其他宫殿的彩画进行了勘查，最后确定了建福宫花园的彩画设计方案。

应该说，建福宫花园的复建不仅对故宫是件大事，对从事古建的工程技术人员也是一个千载难逢的机遇。由于建福宫花园内的九座殿堂各具特色，可以说是代表了中国古代建筑的各种风格，是一座浓缩了中国古代建筑精华的建筑博物馆。应当说建福宫复建工程培养、造就了一批年轻的古建工程技术人员，通过参与这个工程使他们有机会全面地学习了中国古建各个工序的制造技术，这个工程完全不同于其他地方粗制滥造的仿古工程，而是完完全全按中国古代建筑的营造方式和规定来完成的，这更是难能可贵的。

建福宫花园的复建工程历经四年，那片满目荒凉、野草丛生的废墟已不复存在，建福宫花园已完全恢复了乾隆时代那辉煌的全貌，八十余年的遗憾已成为历史，故宫这座明清两代的皇宫今天比过去更为雄伟壮观。建福宫花园将成为故宫一颗新的明珠，故宫博物院将把建福宫开辟为一个新的游览点，在这里除了接待贵宾外，还将办成一个中国古建筑博物馆，向中外来宾展示中国古建那亘古不朽的魅力。

为美国水果大王建造中国花园

1997年的一天，好友梅缵月从纽约给我来电话，问我们能不能帮助一位大企业家在美国修建一座中国花园。我想在美国修中国花园这可是好事，而且我们也曾在美国纽约大都会艺术博物馆内建造过中国花园，所以我就表示我们可以承担。梅小姐很高兴，她告诉我，她近期会陪这位美国企业家到中国来和我们具体商谈。

在美国修建中国花园的事，我向局里汇报，得到领导的支持，决定由文物保护司副司长晋宏逵和我一起负责落实这个项目。

八月，梅小姐陪着这位美国先生到了北京，我这才知道这位先生就是美国水果、蔬菜最大的生产销售企业都乐的大老板，人称"水果蔬菜大王"。都乐公司生产的水果、蔬菜、各式饮料，不仅占有美国市场，在全球拥有自己的包括飞机、轮船和汽车的运输网，保证新鲜的水果、蔬菜以最快的速度送达世界各地。其产品行销全世界一百多个国家，成为全球最大的水果、蔬菜公司。都乐在中国的水果饮料业中也是知名品牌，在中国市场也占有一定的份额。

这位水果蔬菜大王名叫牟德克，梅小姐曾对我介绍过这位老先生，也曾陪同他到中国来考察合作的事宜。梅小姐告诉我，老先生对任何事都有自己的判断力，一般他认定的事别人是很难改变的。这也许是他的事业如此成功，造就了他对自己的超级自信吧。梅小姐说每次牟德克旅行都是坐自己的专机，在其他国家他从来是我行我素，想什么时间飞，就什么时间飞，毫无任何时间和规定的束缚。有一次却是例外，那次牟德克到中国访问结束，定好下午2点他的专机从北京首都机场起飞。但在荣宝斋，牟德克面对琳琅满目的中国艺术品书籍产生了极大的兴趣，他买的书已经堆满了一个小推车了，他仍然意犹未尽，继续在挑选着自己喜爱的书籍。梅小姐一看表，离飞机起飞时间越来越近了，再不走可真要迟到了。于是梅小姐就对牟德克说："我们要来不及了，应该马上走。"可牟德克一点都不在乎地说："我还没买完书呢，晚点起飞吧！让他们等着。"梅小姐知道这样等下去不定要耽误到几点呢，就故意漫不经心地说："我听说在中国，空中管制是很严格的。如果我们原定的时间没有起飞，而在没通知中方有关单位定的时间起飞了，他们很可能

——我所参与的中国文物对外交流

认为是不知哪里来的不明飞行物，也许会发射导弹把飞机打下来。"从来什么都不顾忌的老先生一听梅小姐这么说，马上问："这是真的啊？"梅小姐说："这我不清楚，反正我还没有乘坐过不按时起飞的飞机。"牟德克一听，二话不说，书也不挑了，赶紧上车直奔机场。

我和晋宏逵副司长在北京第一次见到牟德克先生就留下了深刻的印象，老先生早过古稀之年，但童颜鹤发，红光满面，走起路来健步如飞，看得出来是一位意志坚强、十分自信的人。他听说我和晋宏逵是专门来和他谈建造中国花园的问题的，非常高兴，急不可待地对我们谈了他的想法：他希望在洛杉矶的庄园里建造中国、日本、英国和法国的花园。老先生说，过去看过很多中国花园的照片，对中国园林的别致典雅很喜欢，所以想在美国他的庄园中也建造一座中国式的花园。

我们告诉老先生，修建中国什么样式的庭园我们都可以承担，不过中国古典庭园也有不同的风格，有民间的和皇家的两大类。民间的又分北方和南方两大派，老先生可以根据自己的喜好选择不同的风格。老先生说，他对中国庭园的风格虽然没有专门的研究，仅从照片上欣赏过各式各样的中国园林，到底建什么样的，还需要实地考察一下再决定。于是我和晋宏逵就陪着牟德克先生和梅小姐先去参观北海公园。

在北海公园里，晋宏逵先生向老先生详细介绍了这座著名皇家园林的设计风格和建筑特色，我们一起蹬上白塔远眺全园的秀丽景色，又乘画舫在湖中游览欣赏两岸的风光。老先生看得很认真，他对我们说："我的那个园子比这里大。"当时真吓了我一跳，我心想准是吹牛，私家花园居然会比中国皇家园林北海公园还大，我和晋宏逵对视了一下，简直不知道说什么了。

参观完北海，老先生提出要再去南方看看民间的园林，在晋宏逵和梅小姐的陪伴下，老先生又专程去苏州实地考察了当地著名的网师园、拙政园等。晋宏逵对每处园林的不同风格和建筑特点都向老先生作了详细的介绍。老先生对中国古代园林典雅的造型，出俗不凡的建筑风格非常欣赏，尤其是园林中的奇峰怪石及千姿百态的盆景使他流连忘返。老先生对园林设计的品味也很高，在参观中，他一再强调园林中建筑不能太多太密，一定要结合并突出大自然的情调，他提出为他建造的中国园林，不能是任何现有园林的仿制，而是创造一座全新设计的中国园林。

老先生还真是急脾气，回美国后很快就给我们来信，邀请中国专家赴美实地考察他的庄园，并与他一起研究修建中国园林的方案。

　　为了完成这个任务，局里决定派晋宏逵和文物研究所的总工程师傅清远赴美。晋宏逵毕业于北京大学历史系，还曾在清华大学建筑系进修过，长期负责北京和全国古建的维修保护工程方案审批工作，并多次参与重大项目的施工设计。由于工作的关系，再加上晋宏逵在业务上的不懈追求，使他对中国古代建筑的时代特征、设计要求、用料标准和施工的各个要点都十分熟悉，可以说晋宏逵是专家型的业务领导干部。傅清远则是一直活跃在古建维修保护第一线的业务干部。

　　晋宏逵和傅清远是9月23日离京赴美的，到了洛杉矶径直前往牟德克先生的庄园。拥有77家公司的农庄主人牟德克先生百忙中推掉其他事务，专程赶回洛杉矶来接待中国的两位专家，可见老先生对建造这座中国园林的重视程度。老先生亲自驾车做导游，带着晋宏逵和傅清远参观了他的农庄，农庄占地2000余英亩，农庄里生长着大片大片的橡树，所以这里称为"千树农庄"。农庄里不仅有大片的平原，也有小湖泊和山丘，美国好莱坞的电影公司经常借用这片宝地拍摄西部大片。老先生边驾车一边介绍着他的园林规划，他计划在他的居所旁再建一座小楼，而在楼的北部建一座综合式的花园，花园的西半部是欧式花园，占地1.2公顷。东半部也是1.2公顷，其中包括中国园、日本园和泰国园。中国园东部是座三十多米高的小山，牟德克先生要求中国园的设计中要将小山包括进去。他驾着车，边走边看大半天就过去了，无不得意地对两位专家说："这里，你们眼睛能看得到的地方都属于我的庄园。"看来那句以前说过的"我的园子比北海公园大"还的确一点不假。

　　晋宏逵和傅清远第二天就开始了工作，他们先和牟德克先生及美方设计师阿诺先生一起研究了中国园的平面图，实地核对了小山与地面的距离和面积，然后就投入紧张的设计中。从下午直至凌晨四点，他们根据庄园的地形地貌，将中国古典园林中蕴涵的以中国古代文化为基点，以大自然与建筑有机结合为目标，为牟德克先生设计出了四座极富诗情画意的建筑，这四座建筑分别命名为"兰香馆"、"听瀑轩"、"揽胜亭"和"寻诗亭"，四座典雅的中式建筑点缀在园林中，和周围的自然风光浑然一体，好似一幅和谐的画卷。

　　第二天早上八点刚过，牟德克先生就急不可待地来找晋宏逵和傅清远，当他看到设计的建筑效果图时完全被两位专家出色的设计和高效的工作惊呆了，他一遍又一遍地看着效果图，认认真真地听晋宏逵向他介绍设计想法。"兰香馆"是园林的主题建筑，主要构思源于庄园内牟德克先生让人种植的几千株兰花，而中国古代文人墨客对兰花一向是极为推崇的，作为高雅人格的象征。这组建筑定位在小山西南坡下，背倚小山面对欧洲花园，与西南方的住宅楼遥相呼应。整座建筑是仿明式建筑，简洁典雅。建筑内的木雕以梅、竹、兰、菊为主要装饰，一组游廊围在"兰香馆"前方，构成一个院落，晋宏逵将它命名为"兰苑"。苑中一泓池水，池中一块峰石卓然而立，池中游弋着各色的金鱼，池边点缀着各种观赏植物。游廊上开了很多几何纹的花窗，置身在兰苑中却可以欣赏到欧洲园内的景色。利用山上有一挂瀑布顺山而下，晋宏逵他们就设计了一组建造在池水边的水榭——"听瀑轩"，水榭一半跨进池中，一半在岸上，坐在这里既可以看到池水在奇石中的流淌，又可以听到瀑布的声响。而在水榭的里面雕满岁寒三友的落地花罩上"听瀑"、"如雷"、"飞泉"、"漱玉"八个字点出"听瀑轩"的主题。由"听瀑轩"再往上攀登是小山的最高处，"揽胜亭"就建在这里。这是座两重檐的六角亭，在这里可以将千树农庄的景色尽收眼底。而与"揽胜亭"相呼应的是山下单檐八角形的"寻诗亭"，在小亭子里可以欣赏到欧洲园内热情奔放的西洋园林风格，又可领略中国古典园林的含蓄和韵味，使人产生无尽的遐想。牟德克听完晋宏逵的介绍，完全被中国专家巧妙而极富诗意的设计思想所折服，他认为这个设计正是他心目中追求的中国园林，是中国专家赋予了它生命，使其完美地成为现实。牟德克先生不仅全部接受了中国专家的设计，并决定将他原计划东部要建的日本园、泰国园全改为中国园，这样一来，中国园面积比原来的方案扩大了八倍。

当天晚上又是一个不眠之夜，晋宏逵和傅清远根据中国园增加的面积又重新调整了设计，使其设计更合理，也更符合建筑疏朗、因地制宜的中国古代文人的建园特色。

第二天早餐时，牟德克看了重新调整后的设计，一向刚愎自用的老先生居然再提不出任何意见，完全接受了中国专家的设计。下一步怎么办，这是牟德克先生最关心的，他恨不得马上就看到纸上的设计变成真正的中国园。晋宏逵和傅清远看着这位性急、又很可爱的老先生的样子都笑了。他们能理解老先生的心情，但这仅是做一个纸上的设计，要建造一组实实在在的中国古典建筑，还必须有严格的施工设计图纸、中国建筑专门的木材和承担施工的队伍。他们向老先生解释了以上问题，老先生表示理解，立即拍板定下：中国专家负责设计图的完成；美方工程师根据中方的设计按洛杉矶的要求去作标准化设计和完成施工的基础工作；一切特殊工艺、材料、加工，如木雕等，采取先在中国制作完成，再到美国组装的形式。

中国园的设计方案在两位专家和牟德克先生的亲自过问下，真叫快刀斩乱麻，仅仅在短短的三天内就基本定下来了，这样的高效率在其他地方真是很少见的。晋宏逵和傅清远是来去匆匆，虽说是到了洛杉矶，可除了这座庄园几乎哪都没有去过，还没等时差倒过来，又踏上了返程的飞机。

根据双方的约定，晋宏逵和傅清远回国后又开始忙着方案图纸的设计。他们的工作本来就很繁忙，设计图纸的工作基本上是利用业余时间来完成的。具体施工的任务，准备请有经验的浙江省古建筑设计研究院来承担。

两个月后，晋宏逵和傅清远携带着已经完成的设计图再次飞往洛杉矶。和第一次一样，牟德克先生又一次放下其他工作从外地赶回洛杉矶接见了中国的两位专家。见面后没说几句话，就要求看图纸，当晋宏逵把他们根据上次设计后细化的设计图打开时，牟德克再次被图中的园林设计惊住了，他没等晋宏逵介绍，自己就在图中指出哪座是"兰香馆"，哪座是"听瀑轩"。对任何事情都追求完美的牟德克先生，默默地一遍又一遍地看着图纸频频地点头，晋宏逵和傅清远从老先生的眼睛中看到了满意的答案。图纸顺利通过，接下来就是讨论施工的具体问题了，老先生性子很急，恨不得一夜间就建起中国花园，他哪知道中国古代建筑不同于现代水泥的建筑，大量的是木工的细活，可不是说建就建得起来的，为此晋宏逵又专门向他介绍了中国古建筑施工的程序和步骤。老先生听明白了，也理解了建造一座典型的中国式花园所需要的时间和过程。但牟德克还是要求能尽早的在他的庄园中看到这座美轮美奂的中国花园。

看着老先生首肯的设计图，晋宏逵和傅清远对在美国建造这座中国花园更有信心了。回到北京后，他们请浙江省古建筑设计研究院的副院长黄滋到北京，将在美建造中国花园的具体施工任务正式交给他们，为保证施工的高质量和完全符合原设计思想，施工图也将由晋宏逵和黄滋共同完成。为此晋宏逵和黄滋专程又一次考察了南北方的古建工程特点，并根据美方的地域和气候与中国的不同，制定出了既有中国特色又符合美国的实际情况的具体施工图。

施工图再次得到美方的同意后，由黄滋副院长领衔的浙江省古建筑设计研究院从1998年4月开始在杭州做花园的建筑构件。这些构件包括全部建筑的木结构，如建筑的梁柱、门窗、屋内的花罩、飞罩及屋顶的瓦件等。木料的选用也很考究，根据建筑的不同用途选用不同的材质，如屋顶的梁柱大木结构用的是黄波罗木、檩子是杉木、屋内的花罩、飞罩和门窗则用的是花梨木。而这些木材运到后要先进行干燥处理，全部制作完成后再进行防虫、防霉、防腐的处理，最后再刷上清水油漆。整个建筑构件和全部木雕的工作几十个工人做了五个月才完成，工程质量完全达到设计的要求。1998年10月全部建筑构件和瓦件以及中国古建筑必用的建筑材料等，共装满了20个集装箱，通过海运运往美国。

12月，黄滋副院长亲率10名杭州建筑工人赴美国洛杉矶"千树庄园"完成中国花园的建筑工作。这时的中国花园里，美方已将设计中的基础做完，如墙体、地面等。在中国专门制作的建筑构件和传统的建材也及时运抵美国。在黄滋副院长的指挥下，中国工人开始进行中国传统建筑的施工。由于设计符合施工规范，再加上高质量制作的建筑构架，组建起来得心应手、严丝合缝，美方为中方工作专门派来几十个工人协调配合，整个工程只用了两个月的时间就全部完成了。

1999年2月，一座真正传统的中国古代花园在洛杉矶"千树庄园"正式建成。这也是在美国建造的面积最大、建筑最多、最能体现中国古代建筑精华和中国古代文人思想的中国古代园林。面对这座代表中国文明典雅秀丽的中国花园，牟德克先生喜出望外，一再地说："好！太好了！完全是我理想中的花园。"他为自己当初的决策感到自豪，他也由衷地感谢为他实现理想的这些中国专家和中国工人所付出的一切。

牟德克先生说中国花园将成为他宴请宾客的重要场所，他考虑要对外开放这座花园，要让更多的美国人到这里来欣赏真正的中国建筑，让他们了解中国灿烂辉煌的古代文明艺术的魅力。

后　记

　　从1972年进入故宫到2003年初离开国家文物局，我整整为中国的文博事业工作了三十年。这是自己一生中最美好、也是最重要的阶段。三十年来经历的事件和结交的朋友给我留下了刻骨铭心的记忆，也使我感到工作、生活得充实和精彩。了解我的一些朋友劝我把这不平凡的经历记录下来，也算是对自己前半生的一个总结。我接受了大家的建议，决定把这一切写下来，让更多的人了解中国文物对外交流三十年的历史，了解文物工作者对祖国文物事业的拳拳爱国之心。

　　一旦动笔，三十年来的往事便如潮水般的在我脑际中涌动起来，那些自己亲身经历的事情一幕幕像过电影似的在眼前飘过……短短几个月一气呵成，并于2004年底修订完稿。

　　2003年刚刚离开国家文物局，我应北京歌华文化集团的邀请，协助筹办中华世纪坛世界艺术馆。这对我而言是全新的挑战。三十余年来我所从事的工作是将中华文明艺术推向世界，而成立世界艺术馆就是要将世界文明引进中国。虽然都是文化交流，但意义却大不一样，它说明了中国的强大和进步，说明了国民文化素养的提高和需求。对于有着五千年文明和十三亿人口的泱泱大国，成立世界艺术馆不仅要圆百年来先贤们"睁眼看世界，创办世界博物馆"的梦，还为中国国民开启了全面了解世界文明艺术的窗口，为中国博物馆事业翻开了新的一页。

　　新的工作，新的挑战，没有借鉴的先例，一切从零开始。我深深地感到自己知识的匮乏，感到前所未有的困惑。对此，各种议论接踵而来，似乎在中国建立世界艺术馆真像制造氢弹、原子弹一样困难。这一切反而激起了我天生那种不服输，专爱做别人没做过的事的激情。我相信只要我们真正努力，没有什么做不到的事。我们周游列国，说服世界二十余家博物馆与我们合作，克服了种种意想不到的困难，在北京歌华文化集团、国内外专家学者的支持及馆内同仁们的共同努力下，我们终

挚爱与奉献

——我所参与的中国文物对外交流

于在北京中华世纪坛建立了中国第一座世界艺术馆。两年来，我们举办的一系列高水平的世界艺术展，奠定了我们在国际博物馆界的地位，提高了我们的博物馆专业水准和大型展览的策划能力。我本人也在这几年世界艺术馆的筹办中学到了很多新知识，同时也锻炼了自己的能力，这是我三十年文博生涯的延续。挚爱与奉献，是我生命的主题。

在本书的写作中，我得到很多朋友的帮助和鼓励：故宫博物院郑欣淼院长亲自为拙著写序，朱启新先生、月明女士对书稿进行了润色，文物出版社社长苏士澍、编辑张芳女士、王扬先生都为本书的出版付出了心血，在此一并表示衷心的感谢。

后记